中国历史悬疑系列

◎范荧 俞钢 主编

宋元卷

上海辞书出版社

图书在版编目(CIP)数据

中国历史悬疑系列. 宋元卷 / 范荧，俞钢主编. —
上海：上海辞书出版社，2015.12(2023.2 重印)
ISBN 978-7-5326-4419-3

Ⅰ.①中… Ⅱ.①范…②俞… Ⅲ.①中国历史-宋
元时期-通俗读物 Ⅳ.①K209

中国版本图书馆 CIP 数据核字(2015)第 144001 号

中国历史悬疑系列·宋元卷

范 荧 俞 钢 主编

责任编辑 刘 琼
封面设计 汪 溪
责任印制 王亭亭

出版发行 上海世纪出版集团
上海辞书出版社(www.cishu.com.cn)
地 址 上海市闵行区号景路 159 弄 B 座(邮编 201101)
印 刷 浙江临安市曙光印务有限公司
开 本 890 毫米×1240 毫米 1/32
印 张 9.125 插页 1
字 数 193 000
版 次 2015 年 12 月第 1 版 2023 年 2 月第 2 次印刷
书 号 ISBN 978-7-5326-4419-3/K·1009
定 价 30.00 元

出版说明

《中国历史之谜》是已故李培栋先生主持的一个出版项目，自1996年出版以来深受广大读者欢迎。2003年又先后出版了《中国历史之谜》（修订本）与《中国历史之谜·续编》，继续得到了读者朋友的支持。

2013年之后，我社根据图书市场需求，对《中国历史之谜》及修订本、续编和《中国文物之谜》等书进行梳理，按照朝代顺序，增补和删除部分篇目，并吸收历史学、考古学等学科的最新研究成果，最终整合为成规模的一套中国历史悬疑系列丛书，分为先秦卷、秦汉魏晋南北朝卷、隋唐五代卷、宋元卷和明清卷，整体推出。

特此感谢《中国历史之谜》的作者王廷洽、曾维华、俞钢、范荧、吴松弟、曹朔、邵雍、顾汉松、俞如云、恽菊珍、张莉、谢宝耿、丁光勋、董淮平、吴强华、沈逸波等，以及改写者范荧、俞钢、曹朔，《中国历史之谜·续编》的作者范荧，《中国文物之谜》的作者王俪阎。本套丛书在编辑出版过程中，得到主编范荧与俞钢的鼎力支持，在此一并表示谢意。由于编辑时间仓促，书中难免存在一些瑕疵，敬请读者批评指正。

上海辞书出版社

目　录

陈桥兵变是预谋的吗

后周显德七年（960）的正月初一,五代时期的后周君臣正在宫中庆贺新年，忽然接到镇、定二州的急报：北汉勾结契丹入寇。宰相范质、王溥等立即遣检校太尉、殿前都点检赵匡胤率兵前去抵御。初三，军队驻扎于开封东北的第一个驿站陈桥驿，赵匡胤酒醉而卧，而有拥立之意的将士们却环立待旦。次日黎明，四周叫啸呐喊，声震原野。赵普、赵光义排闼入告，将士们直叩寝帐之门，高呼："诸军无主，愿策太尉为天子。"赵匡胤惊起披衣，未及应酬，便被扶到议事厅。有人把黄袍披在他的身上，众人都罗拜庭下，口称万岁，又相与扶赵匡胤上马，拥迫南行，返回开封，取代后周政权，建立了北宋。这就是历史上著名的陈桥兵变、黄袍加身的故事。

长期以来，陈桥兵变一直被看作是"千古疑案"，其中疑点甚多。一、据《涑水记闻》等书记载："及将北征，京师间喧言：'出军之日，当立点检为天子。'富室或挈家逃匿于外州，独宫中不之知。"由此可知，当时军队未到陈桥已有兵变之说，未见黄袍，已有天子之说，陈桥兵变不会是一次偶发事件，而是有预谋的。正如古诗所言："黄袍不是寻常物，谁信军中偶得之。"二、据叶梦得《石林燕语》记载说，赵匡胤早年曾到高辛庙为自己的功名前程占卜，"自小校而上至节度使，一一掷之，皆不应。忽曰：‘过是则为天子乎！’一掷而得圣筊”。且不论此事的真伪如何，这一在宋代广为流传的轶闻，正反映了赵匡胤的夙愿。而在陈桥驿，将士们已环立呼喊，赵普与赵光义也已入内报告，而赵匡胤何以会“醉卧不省”，丝毫未念及早年的愿望？这一情形未免过于做作。三、《宋史·杜太后传》曰，杜后得知其子黄袍加身后，说：“吾儿素有大志，今果然。”因而不惊不慌，谈笑自若，还说：“吾儿平生奇异，人皆言当极贵，何忧也。”（司马光《涑水记闻》卷一）

陈桥兵变（《绘图廿四史通俗演义》）

据此，这加身的黄袍似并不是从天而降之物，有人以诗刺讥道：“阿母素知儿有志，外人反道帝无心。”四、当时本因国境告急才令赵匡胤领兵出战，为什么黄袍加身后，不费一枪一刀，战事立定？即所谓“千秋疑案陈桥驿，一着黄袍便罢兵”。可以认定，镇、定二州的军情是配合赵匡胤兵变自立而谎报的。

当然，认为疑案不疑的也大有人在。如有的学者认为，镇、定二州军情并非谎报，《宋史》《续资治通鉴长编》《契丹国志》等史书都记有此事。况且，如是谎报军情配合兵变，那镇、定二州节度使理应是赵匡胤集团中的人，而二州节度使郭崇和孙行友，或是“追感周室恩遇，时复泣下”，被视为“有异心宜谨备”的人；或是在宋初乞解官归山，又欲拥兵自固的人，都不可能属于赵氏集团，怎会为军变造假情报？清代赵翼认为：五代诸帝，多由军士拥立，相沿以为故事。赵匡胤以前，已有后周太祖郭威、后唐废帝李从珂、后唐明宗李嗣源由军士拥立，这是唐代藩镇割据后军士擅废立之权而留下的遗风，是王政不纲、下凌上替、祸乱相寻的反映。从这段话中，或可一窥陈桥兵变的真相。

总之，陈桥兵变确实有着众多令人起疑的地方，但是目前尚不能据此断言其真相究竟如何。

“杯酒释兵权”是杜撰的吗

“杯酒释兵权”是北宋初年著名的历史事件，说的是宋太祖赵匡胤靠着禁军将领的拥戴，夺取后周天下，建立了宋朝后，对那些作为开国功臣的高级将领们越来越不放心，担心他们会日益骄蹇，滋生出新的欲望，从而变起肘腋，酿成又一次“陈桥兵变”。往日义同骨肉的弟兄如今成了腹心之患，宋太祖为此食不甘味，坐立不安。于是，在与精于治道的赵普的共同谋划下，安排了戏剧性的“杯酒释兵权”。

宋太祖赵匡胤

建隆二年（961）七月的某一天，宋太祖设下丰盛的酒宴，请来石守信、王审琦等故友勋臣。饮至酒酣时，他感慨说，当上皇帝后，没有一晚睡得安稳，因为皇帝这个位置独一无二，又在万人之上，人人都想坐。石守信等听出了弦外之音，纷纷表示决不会有贰心。赵匡胤却说：我们一起出生入死，情同手足，我当然信得过你们；但如果你们的部下也有人贪图富贵，把黄袍加在你们身上，恐怕你们也会身不由己的吧？

一席锋芒毕露的话使那些将领们面面相觑，如芒刺在背，不知如何是好。赵匡胤又说：人生在世，如白驹过隙，短暂得很；追求富贵，也无非是想多积点金钱，享乐终身，为子孙谋些福罢了。为各位着想，不如交出兵权，使下面的将士不再想入非非地生事，我们君臣之间也免生猜忌。大家多买些良田美宅、歌儿舞女，饮酒作乐，过过神仙般的日子。我可以与你们结成儿女亲家，大家和平共处，同享富贵，不是很好吗？在赵匡胤的软硬兼施下，众将领别无选择，第二天纷纷称病不上朝，上表要求解除兵权。赵匡胤一一准奏，使禁军中资深的将帅先后离开军队，从而解决了宋初政治的一大难题。

过去，史学界一直认为，宋太祖此举，成功地消弭了武人左右政权的腹心之患，集中了军权，维护了赵宋王朝的长远统治。所有的历史书籍中，也一次又一次地重复着这个故事。然而，20 世纪 90 年代初，顾吉辰先生排比考证了各种史料，发现这一史事很有值得商榷的地方。

宋太祖想罢免石守信等将领的记载，最早见于《丁晋公谈录》，其文云：

> （赵普）忽一日奏太祖曰："石守信、王审琦皆不可令主兵。"上曰："此二人岂肯作罪过？"赵曰："然。此二人必不肯为过。臣熟观其非才，但虑其不能制伏于下。既不能制伏于下，其间军伍忽有作孽者，临时不自由耳。"太祖又谓曰："此二人受国家如此擢用，岂负得朕？"赵曰："只如陛下，岂负得世宗？"太祖方悟

而从之。

这段记载说明了三个问题：一、太祖和赵普要取消的是石守信和王审琦的兵权。二、这里没有“杯酒释兵权”的事迹。三、太祖和赵普仅在商量之中，尚未有实际行动。

王曾的《王文正公笔录》中，就有了“杯酒释兵权”的初步记载：

……于是不得已，召守信等曲宴，道旧相乐。因谕之曰：“朕与公等，昔常比肩，义同骨肉，岂有他哉？然言事者进说不已。今莫若自择善地，各守外藩，勿议除替，赋租之入，足以自奉，优游卒岁，不亦乐乎！朕后宫中有诸女，当约婚以示无间，庶几异日，无累公等。”守信等咸顿首称谢。由是高、石、王、魏之族，俱蒙选尚，寻各归镇。几二十年，贵盛赫奕，始终如一。前称光武能保全功臣，不是过也。

这段史料也说明了三个问题：一、首次隐约记载了“杯酒释兵权”的事。二、记载了太祖在收回兵权的同时，又答应给以经济上的让步和通婚的保证。三、太祖希望石守信等“各守藩镇”，即出为节度使。

司马光在《涑水记闻》中就有了“杯酒释兵权”的详细过程：

太祖既得天下，诛李筠、李重进，召赵普问曰：“天下自唐季以来，数十年间，帝王凡易十姓，兵革不息，苍生涂地，其故何也？吾欲息天下之兵，为国家建长久之计，其道何如？”普曰：“陛下之言及此，天地人神之福也。唐季以来，战斗不息，国家不安者，其故非他，节镇太重，君弱臣强而已矣。今所以治之，无他奇巧也，惟稍夺其权，制其钱谷，收其精兵，则天下自安矣。”语未毕，上曰：“卿勿复言，吾已喻矣。”

宋陵武将

顷之，上因晚朝，与故人石守信、王审琦等饮酒，酒酣，上屏左右谓曰：“我非尔曹之力不得至此，念尔之德无有穷已。然为天子亦大艰难，殊不若为节度使之乐，吾今终夕未尝敢安枕而卧也。”守信等皆曰：“何故？”上曰：“是不难知之，居此位者，谁不欲为之？”守信等皆惶恐起，顿首曰：“陛下何为出此言？今天命已定，谁敢复有异心？”上曰：“不然。汝曹虽无心，其如汝麾下之人欲富贵者何！一旦以黄袍加汝之身，汝虽欲不为，不可得也。”皆顿首涕泣曰："臣等愚不及此，唯陛下哀怜，指示以可生之涂。"上曰："人生如白驹之过隙，所谓好富贵者，不过欲多积金银，厚自娱乐，使子孙无贫乏耳。汝曹何不释去兵权，择便好田宅市之，为子孙立永久之业；多置歌儿舞女，日饮酒相欢，以终其天年。君臣之间，两无猜嫌，上下相安，不亦善乎！"皆再拜谢曰："陛下念臣及此，所谓生死而肉骨也。"明日，皆称疾，请解军权。上许之，皆以散官就第，所以慰抚赐赉之甚厚，与结婚姻，更置易制者，使主亲军。

值得注意的是：一、司马光明确记载，太祖是采纳了赵普的建议，对主兵权的故人"杯酒释兵权"，商议过程和酒宴过程都描述得十分详尽；二、石守信、王审琦等"请解兵权"后，"上许之，皆以散官就第"；三、直接以经济让步为条件，迫使石守信等交出兵权。

李焘在《续资治通鉴长编》中也记载了这一事件的详细过程，基本上抄撮司马光的《涑水记闻》。但李焘在自注中说明："此事最大，而正史、《实录》皆略之，甚可惜也，今追书。按司马光《记闻》云守信等皆以散官就第，误矣。王曾《笔录》皆得其实，今从之。文辞则多取《记闻》，稍增益以丁谓《谈录》……"李焘在抄撮史料时，纠正了《涑水记闻》中的一些错误，在后文中又具体写出了石守信等出镇外藩的地点，但更重要的是，李焘明确说明了关于太祖"杯酒释兵权"这样一件大事，在当时的官方文书中都没有记录。

此外，宋代还有些人如王辟之、邵伯温、陈均等，也都在自己的著作中记录了这件事，但他们或录自《王文正公笔录》，或参照《涑水记闻》，或抄撮《续资治通鉴长编》。元人编的正史《宋史·石守信传》的资料也来自李焘的记载。

根据上述情况，我们可以总结出一些问题：一、当时的国史、实录、会要等官方资料，均没有有关“杯酒释兵权”的记载。二、“杯酒释兵权”的记载，似乎经历了从无到有、从简到详的过程，而且各说之间互相渲染、补充，最终演绎出一个有声有色的“杯酒释兵权”的历史事实。如《丁晋公谈录》中，仅有君臣间的商议，没有涉及“杯酒释兵权”的事。王曾《王文正公笔录》中，始有了较详细的记载。这些记载，都是真宗、仁宗时代的东西。至神宗、哲宗年间，司马光就在王曾的基础上，作了新的撰述，且增加了不少文辞。至北宋末、南宋初，王辟之、李焘等又互相抄袭了《涑水记闻》中的内容，有的还擅自增加了情节。经过一系列的转抄补充，“杯酒释兵权”就俨然成为一种历史事实了。

那么，为什么“杯酒释兵权”之说会出现于真宗、仁宗时代，形成于神宗、哲宗年间，最后定论于南宋时期呢？顾吉辰先生认为，太祖“杯酒释兵权”的要害之处，是集中军事权力，防止武人颠覆，改变五代以来“国擅于将，将擅于兵”的特点，以“强干弱枝”的政策，调整军事机构。这种做法，使调兵者和统兵者之间、将帅和禁兵之间，彼此互相钳制，严重削弱了作战能力。由此产生的一系列的弊端，一直影响了宋代的整个历史进程，导致了宋辽涿州之役、宋夏好水川之役等重大战役的失败。每当宋朝在军事战争中失利，一些有见识的大臣就对宋太祖的一系列军事改革不满，这种情绪随着宋王朝由盛至衰、由强至弱、由统一到偏安而日益增加，从而导致“杯酒释兵权”的记载越来越详细，最后形成了一种歪曲的“历史事实”。

细究之，所谓太祖“杯酒释兵权”仅是在建国之初，即建隆二年对石守信、王审琦等人罢免宿卫的军事调整措举，目的是“不可令主兵”，原因就是赵普说的：“臣熟观其非才，但虑其不能制伏于下。”既然他们没有将才，无法驾驭士兵，那么，万一“忽有作孽者”，就会出现赵宋统治的危机。于是，就有了君臣间的商议和以后对这些人的调整。因此，应该说，《丁晋公谈录》的记载是正确的，而其中恰恰毫无“杯酒释兵权”的踪迹可觅。

“杯酒释兵权”这个如此有声有色、又对宋代政治军事产生重大影响的历史事件，难道竟是出于宋代文人的杜撰和演绎吗？

太祖誓碑和太祖誓约

南宋陆游的《避暑漫抄》抄录了《秘史》记载的一件事：宋太祖于建隆三年（962）密镌一碑，立于太庙寝殿之夹室，谓之誓碑。平时用销金黄幔遮蔽，门钥封闭甚严。太祖命令有关部门，唯太庙四季祭祀和新天子即位时方可启封，谒庙礼毕，奏请恭读誓词。届时只有一名不识字的小黄门跟随，其余皆远立庭中，不敢仰视。天子行至碑前再拜，跪瞻默诵，然后再拜而出，群臣及近侍皆不知所誓何事。北宋的各代皇帝“皆踵故事，岁时伏谒，恭读如仪，不敢泄漏”。直到靖康之变，金人将祭祀礼器席卷而去，太庙之门洞开，人们方得看到此碑。誓碑高七八尺，阔四尺余，上刻誓词三行：一为“柴氏（周世宗）子孙有罪不得加刑，纵犯谋逆，止于狱中赐尽，不得市曹刑戮，亦不得连坐支属”；一为“不得杀士大夫，及上书言事人”；一为“子孙有渝此誓者，天必殛之”。

曹勋的《北狩见闻录》也记载了一件事：南宋建炎元年（1127）七月，跟随宋徽宗北迁的閤门宣赞舍人曹勋自金朝燕山南归，传达徽宗给其子高宗的寄语说：“艺祖（太祖）有约，藏于太庙：‘誓不诛大臣、言官，违者不祥。’故七圣相袭未尝辄易。”李心传《建炎以来朝野杂记》、王明清《挥麈后录》《宋史·曹勋传》也有相似内容。

以上便是太祖誓碑和太祖誓约的较早记载，其内容与北宋初期的国策有密切的关系，引发了学界的关注及争议实在情理之中。

部分学者否定誓碑及誓约的存在，认为：太祖在位时，并不少杀大臣，据《宋史》《续资治通鉴长编》记载，有八十八人之多。誓碑规定优待柴氏子孙，但太祖在即位当年就将周恭帝母子迁到西京，在立碑的那一年又将他们迁到房州，这些做法显然与誓碑大不一致。其次，誓碑的收藏方式过于奇特，这种安定人心的誓约完全可以公开，以显示其帝王的胸怀，何必隐藏得如此神秘？再则，宋徽宗在遭金人掳掠、备受屈辱之际，寄语告诫后人的不是如何与金人交涉、如何收复故土，而是有关誓碑的事，实在是有悖于常理。因此，这些学者认为，此乃宋高宗为了笼络人心换取支持的一种权术，太祖誓碑纯属子虚乌有。

也有学者认为：北宋初年重文抑武、以文臣驾驭武将的国策确实存在，优待士大夫、不轻易诛杀大臣也是事实。在范仲淹、蔡確、吕大防、曾布、章惇等重要大臣的言论中，也多次提及祖宗家法。但是，家法的存在，一方面激发了士大夫的人格尊严，另一方面也使他们获得特权，使得一些人无所顾忌，触及皇权利益，这时，统治者是有可能将家法置于脑后的。不杀并不等于绝对的不能杀，但诛杀大臣确实不是北宋统治者国策的主流。因此，即使没有碑，与碑文类似的家法誓约还是存在的，决非高宗的伪造。

关于誓碑和誓约物理上的存在与否，有的学者对此深信不疑，认为《避暑漫抄》抄录的原文细节颇详，必有所本。有学者表示怀疑，认为若真有这样的誓约存在，按理说是不应该秘而不宣的。有的学者是将两者合二为一的，认为藏在太庙的，就是誓约或者誓碑。但有的学者却认为，誓碑不足为信，但是誓约是否存在，可作进一步研究。因为太祖誓约一事有明确可信的史源，没有理由怀疑它的真实性。至于太祖誓碑，虽然故事本身似乎没有什么破绽，但从文献学途径分析，毕竟史料来历不明，出处待考，又缺少必要的旁证材料，宜以审慎态度对之。

太祖誓碑及誓约的真伪，期待有真相大白的一天。

“政事堂刻石”是否存在

宋人笔记《道山清话》记载说，宋太祖曾提出不用南人为相的主张，并亲笔书写“南人不得坐吾此堂”，刻石于政事堂，以示子孙。后临江军新喻（今江西新余）人王钦若为相，吏辈移石于他处，到抚州临川（今江西抚州）人王安石、建州浦城（今属福建）人章惇为相时，刻石被人窃去，不知所在。考宋初史事，太祖、太宗朝确无南人为相之例，因而“政事堂刻石”的存在，似无可怀疑；遍查李焘《续资治通鉴长编》，未见其对如此重大的事著录一字，这可能是因为李焘（眉州丹棱人，今属四川）也是南人，不记此事有意为南人讳。于是，长期以来，有关“政事堂刻石”之说，也为人们所接受。

宋太祖赵匡胤

近代学者张荫麟指出，“政事堂刻石”之说虽言之凿凿，却甚不可信，并引用《宋史·王旦传》的内容加以说明。景德三年（1006），宋真宗欲相王钦若时，参知政事王旦（957—1017）阻止说："臣见祖宗朝未尝有南人当国者，虽古称立贤无方，然须贤士乃可。"宋真宗遂止，王钦若为此迟了十年才当上宰相。这段史料中有两点可以说明问题：一、如有刻石存在，王旦为何不直接引刻石为据，却云"臣见祖宗朝未尝有南人当国者"？二、真宗在王旦死后仍用王钦若为相，若有刻石在，他就不怕违背祖宗之法？张荫麟认为，宋初无南人为相，不是由于太祖定下了歧视南人的国策，而是因为在太祖初期，国境未逾江南，其所需笼络的先朝重臣和所信托的股肱心膂，有任宰相资格者，自无南人在内。其后南土逐渐平定，南人入朝者皆远方降臣，自无取冠朝列之理。到真宗时，南人以科第起而积资可当宰相之任者渐有其人。而北人因久获的政治特权产生动摇，对南人难免侧目，真宗朝歧视南人的事例甚多。至神宗时，北人地位落于南人之后，王安石变法又招致许多人不满，为了表示对南人的歧视，尤其是为了反对王安石变法，才有人杜撰了"政事堂刻石"之说，欲从根本上否定王安石当政的合法性。总之，"政事堂刻石"说它有乃据传说，说它无也是推测，是有是无，仍是疑雾重重。

疑云重重的“金匮之盟”

北宋开宝九年（976），太祖赵匡胤猝死，其弟光义即位，是为太宗。在太宗即位的问题上，可谓疑云重重，“金匮之盟”就是其中之一。

据《续资治通鉴》卷二记载，建隆二年（961），杜太后病重，太祖侍药饵不离左右。太后自知不起，召宰相赵普入宫受遗命。太后问太祖：“汝自知所以得天下乎？”太祖曰：“此皆祖考及太后余庆也。”太后曰：“不然。正由柴氏使幼儿主天下，群心不附故耳。汝与光义皆吾所生，汝后当传位汝弟。四海至广，能立长君，社稷之福也。”太祖顿首垂泣道：“敢不如太后教！”转身对赵普说：“汝同记吾言，不可违也。”赵普就在太后病榻前写成誓书，太祖手封其书，藏之金匮，命可靠宫人掌管。这就是历史上所称的“金匮之盟”。究其内容，即杜太后要太祖传位与弟的遗命。太宗太平兴国六年（981），受卢多逊排挤而已罢相的赵普密奏太宗，言太后顾命之事。太宗发金匮得誓书，于是赵普重又获得太宗的信任，被提擢为司徒，兼侍中。

在漫长的封建社会中，很少有人怀疑“金匮之盟”的真实性，“金匮之盟”遂成为称颂宋太祖坦荡无私的具体例证。直到清代，古文学家恽敬对此提出疑问，认为盟约内容是饰说。近现代学者则进一步对

● ［明］刘俊《雪夜访普图》

盟约本身提出疑问，认为盟约是当时朝廷政治斗争的产物。张荫麟《宋太宗继统考实》一文，指出“金匮之盟”五大不可解释的破绽：一、杜太后死时，太祖三十五岁，太祖长子德昭十一岁，杜太后怎能预知太祖死时，德昭仍是幼童？二、太祖既然谨遵母命，何必将盟约深藏固封？太宗即位之初，原可公布盟约内容，以正太宗名义，但无人提起此事。直至太祖死后五年，太宗已迫死太祖诸子，又将对皇弟廷美动手时，才将盟约公布于世，其中缘由不是很可疑吗？三、赵普既是参预盟约之人，太祖在世时不敢泄露尚可理解，为什么在太宗即位后还要蹉跎数年，不宣布盟约内容，而坐失结主的良机呢？四、从史源上考证，太宗时修的《太祖实录》没有记载“金匮之盟”之事，到真宗咸平二年（999）重修的《太祖实录》中此事才见于记载，且言杜太后临终遗言皇位要兄终弟及时，太宗也在场。这更是自相矛盾的说法。因为太宗既然预闻，又何须赵普上书、发之金匮？五、金匮盟约，是密约；太祖藏之金匮，是秘密文件；赵普在太平兴国六年上书，是密奏。为什么此事需有如此多的秘密？理由也许只有一个，即秘密所关的，只有四人，太后与太祖，已死无对证，剩下的知情者太宗与赵普可以随心所欲地解释其事，无人会揭破“金匮之盟”的真相。这五大破绽说明，“金匮之盟”是伪造的，出现的时间是在太平兴国六年。

那么，作伪的人是谁呢？张其凡在《赵普评传》中指出，从种种迹象看，作伪者是赵普。太宗初即位，赵普受到冷遇，在新任宰相卢多逊的攻击排挤下，身家性命岌岌可危。后卢多逊与皇弟廷美相交甚密，引起太宗猜忌，想借重赵普这位元老重臣，帮助自己打击廷美，巩固地位。赵普看准时机，打出“金匮之盟”这张王牌，表明对太宗的忠诚，使太宗的继承皇位有了名正言顺的依据，也使自己恢复了宰相的职位，同时又打击了对手卢多逊。因此，“金匮之盟”是太宗与赵普政治勾结的产物，是彻头彻尾的伪造品。

这样的解释，是否算拨开了历史的疑云呢？

“烛影斧声”，千古之谜

开宝九年十月二十日（976 年 11 月 14 日）晚上，宋朝的开国皇帝宋太祖赵匡胤突然去世。第二天，他的弟弟赵光义继承了皇位，即历史上的宋太宗。对于宋太祖的死，《宋史·太祖纪》上只有一段简略的记载：“癸丑夕，帝崩于万岁殿，年五十，殡于殿西阶。”但宋代的笔记野史上却有一些颇为离奇的记载。文莹《续湘山野录》记载，二十日那天，“上御太清阁四望气。……俄而阴霾四起，天气陡变，雪雹骤降，移仗下阁。急传宫钥开端门，召开封王，即太宗也。延入大寝，酌酒对饮。宦官、宫妾悉屏之，但遥见烛影下，太宗时或避席，有不可胜之状。饮讫，禁漏三鼓，殿雪已数寸，帝引柱斧戳雪，顾太宗曰：‘好做，好做！’遂解带就寝，鼻息如雷霆。是夕，太宗留宿禁内，将五鼓，伺庐者寂无所闻，帝已崩矣。太宗受遗诏于柩前即位。”可能这段传闻在宋代流行很广，因而李焘《续资治通鉴长编》虽认为这一传闻“未必然”，但也不得不摘录在书中，留待他人详考。由于《续湘山野录》中的这段记载，语气隐隐约约，文辞闪闪烁烁，于是便给后人留下了“烛影斧声”的千古之谜，自宋代以来，不知有多少文人学者探究过这个问题，即宋太祖究竟是怎么死的。

一种意见是，宋太宗“弑兄夺位”。持此说的人以《续湘山野录》

● 宋太祖（《三才图会》）

● 宋太宗（《三才图会》）

所载为依据，认为宋太祖是在烛影斧声中突然死去的，而宋太宗当晚又留宿于禁中，次日便在灵柩前即位，实难脱弑兄之嫌。蔡东藩《宋史通俗演义》和李逸侯《宋宫十八朝演义》都沿袭了上述说法，并加以渲染，增添了许多宋太宗“弑兄”的细节。另一种意见认为，宋太祖的死与宋太宗无关，持此说的人引用司马光《涑水记闻》的记载为宋太宗辩解开脱。据《涑水记闻》记载，宋太祖驾崩后，已是四鼓时分，孝章宋后派人召太祖的四子秦王赵德芳入宫，但使者却径趋开封府召赵光义。赵光义大惊，犹豫不敢前行，经使者催促，才于雪下步行进宫。据此，太祖死时，太宗并不在寝殿，因而不可能“弑兄”。毕沅《续资治通鉴》即力主这一说法。还有一种意见，虽没有肯定宋太宗就是弑兄的凶手，但认为他无法开脱抢先夺位的嫌疑。在赵光义即位的过程中确实存在一系列的反常现象，即据《涑水记闻》所载，宋后召的是秦王赵德芳，而赵光义却抢先进宫，造成既成事实。宋后女流，见无回天之力，只得向他口呼“官家”了。《宋史·太宗纪》也曾提出一串疑问：太宗即位后，为什么不照嗣统继位次年改元的惯例，急急忙忙将只剩两个月的开宝九年改为太平兴国元年？既然杜太后有“皇位传弟”的遗诏，太宗为何要一再迫害自己的弟弟赵廷美，使他郁郁而死？太宗即位后，太祖的次子武功郡王赵德昭为何自杀？太宗曾加封皇嫂宋后为“开宝皇后”，但她死后，为什么不按皇后的礼仪治丧？上述迹象表明，宋太宗即位是非正常继统，后人怎么会不提出疑义呢？

近世学术界基本上肯定宋太祖确实死于非命，但有关具体的死因，则又有一些新的说法。一是从医学的角度出发，认为太祖死于家族遗传的躁狂抑郁症。一说承认太祖与太宗之间有较深的矛盾，但认为“烛影斧声”事件只是一次偶然性的突发事件，其起因是太宗趁太祖熟睡之际，调戏其宠姬花蕊夫人费氏，被太祖发觉而怒斥之。太宗自知无法取得胞兄谅宥，便下了毒手。纵观古今诸说，似乎都论之有据、言之成理，然而有关宋太祖之死，目前仍未找到确凿无疑的材料。

谁造成了杨业的兵败身亡

听过杨家将故事的人，一定知道杨家第一代英雄“杨老令公”。杨老令公即历史上北宋代州刺史杨业，又名杨继业。他智勇双全，长期镇守边关，屡立战功，人称“杨无敌”。太平兴国七年（辽乾亨四年，982），辽圣宗即位，年仅十二岁，其母萧太后当政。宋太宗认为这是“主幼国疑”的大好时机，就在雍熙三年（986）发动第二次进攻辽朝的战争。北伐军分兵三路，曹彬、米信率东路军出雄州（治今河北雄县）攻幽州（即辽的南京、今北京），田重进率中路军由定州攻飞狐（今河北涞源），潘美、杨业率西路军出雁门攻朔、寰、云、应四州（今山西朔州、大同一带），最终目标是三路宋军会师幽州，与辽决战。东路军一度占领涿州（今属河北），旋遭辽军主力迎击，大败于岐沟关（今河北涿州西南）；西路军战果累累，收复了四州，兵锋直指桑乾河；中路军也攻克了飞狐、灵丘，与西路军遥相呼应。由于东路军失利，总攻幽州的计划流产了，中、西两路军位置突出，辽朝以耶律斜轸为山西路兵马都统，领兵十余万，向两路宋军进攻。宋太宗明白已失去战争主动权，便令各路宋军后撤，但给西路军一个任务，即在放弃四州时，把当地居民迁往内地。当时应、寰二州已失守，要撤出四州百姓十分困难。杨业提出佯攻应州以吸引寰州辽军，趁机掩护百姓

● 杨延昭（《绘图北宋杨家将传》）

● 潘美（《绘图北宋杨家将传》）

撤离的战略。监军王侁不同意，坚持出雁门直奔寰州，与辽军正面交锋。杨业认为此举必败，王侁却讥笑道：“杨将军素称无敌，现面对强敌，意图避战，莫非别有用意？”杨业气愤地说：“我并不怕死，只是认为形势不利，不愿让士兵们白白送死。今天监军责我避敌，我只好挺身向前，先诸君而死了。”临行，他恳请主帅潘美派弓箭手扼守雁门关以西的陈家谷口，再派步兵从两翼接应，否则出击的部队势必全军覆灭。杨业挥泪出征，遭优势辽军伏击，虽奋勇杀敌，终究众寡悬殊，从中午苦战到傍晚，好不容易率仅存的百余名将士冲出重围，赶到陈家谷口约定的地点，而潘美、王侁早已违约率军队撤离了。杨业见大势已去，便令部下分散突围，但士兵们不愿丢下杨业逃生，仍然跟着他死战，最后全部战死，写下了惊天地泣鬼神的历史篇章。

杨业的结局如何？民间广为流传的说法是，杨业身负重伤，自知壮志难酬，绝望之中，一头碰死于李陵碑上。《宋史·杨业传》记载，杨业身披数十创为辽擒获，被俘后宁死不屈，绝食三日而死。而《辽史·耶律斜轸传》却说，杨业被俘后，口称“死罪”，乞降于辽军。

● 穆桂英和杨宗保（《绘图北宋杨家将传》）

三说迥异。持“乞降说”者认为，杨业战功累累，却屡遭同僚嫉毁，一直郁郁不得志，最后被迫冒死出战。当形势一如他的预料，而潘、王背信弃义，撤军逃跑，他对权贵跋扈的痛恨可以想见。在这种情况下，杨业乞降辽朝，并非不可能。反对者则认为，杨业忠勇爱国并非出于偶然，正由于他长期抗辽，才赢得人民的爱戴，将杨业父子的英勇事迹演绎成各种民间文艺形式，广为流传。北宋文学家欧阳修就曾称赞杨业、杨延昭“父子皆为名将，其智勇号称无敌，至今天下之士至于里儿野竖，皆能道之”(《欧阳永叔集》卷二十九)。宋人刘敞、苏辙出使契丹，曾在辽朝境内凭吊杨业，留有颂扬其民族气节的诗词。苏辙的《过杨无敌庙》诗曰：“行祠寂寞寄关门，野草犹知避血痕。一败可怜非战罪，太刚嗟独畏人言。驰驱本为中原用，尝享能令异域尊。我欲比君周子隐，诛彤聊足慰忠魂。”(《栾城集》卷十六)对杨业的壮烈殉国极表惋叹与同情。既然能够得到同时代人的赞誉，足见杨业的英勇事迹与壮烈牺牲的结局是可信的。

如果杨业确实是悲壮而死的，那么，是谁把杨业推向绝境？谁是造成杨业兵败身亡的罪魁祸首？

有人认为潘美难逃此责。潘美的心目中，杨业仅是个“太原降将”(杨业是由北汉归宋的将领)，不能完全信任。对杨业的战功，他又心存妒忌。他和杨业在河东共事七年，曾多次抹杀杨业的功劳。此次北伐，他身为主帅，明知王侁之策不妥，却嫉功妒能，不加阻拦，当杨业孤军深入时，又屯兵不进，不予救援，他的私心，导致了杨业之死。有人反对此说，认为宋代监军之权大于主帅，王侁坚持要杨业出兵，潘美无权违抗。再说潘美也是个老成持重、屡著战功的骁将，与杨业共事七年，齐心协力，配合不算不默契，他何必在战场上陷害杨业呢？

于是，有人提出王侁是致杨业于死地的罪魁。理由是当宋军失利退守代州时，杨业主张暂避敌锋，采用声东击西、转移敌军主力的战略，使四州之民安然撤退。但王侁威逼杨业正面拒敌，又不按照约定接应杨业，致使杨业身陷重围，孤立无援，战败而亡。为王侁辩护者则以为，北伐前王侁、杨业并无交情，不存芥蒂，王侁没有陷害杨业的必要。作为监军，王侁可能是以为杨业面临强兵畏懦不前，故以“逗挠不战”之辞刺激杨业与辽力战。且王侁并无通敌之嫌，充其量也只是指挥失误。

还有一种意见认为，杨业兵败罪在太宗。当时北伐时机并未成熟，而太宗急于湔洗第一次伐辽大败的前耻，草率用兵，没有认真准备，临战又不作统一部署，使三路将帅各行其道，配合不当，导致战争失败。太宗的决策无方，是造成杨业兵败身亡的根本原因。

八贤王的原型是谁

有关杨家将的故事或戏剧中，总有一个正气凛然、仗义执言的八贤王，他诙谐、机智，周旋于皇帝、奸臣、杨家将之间，往往在最关键的时刻助杨家将一臂之力，似乎是当时朝中一位举足轻重的人物。杨家将的故事是有一定历史依据的，这位八贤王也不会是凭空塑造的，但他是哪一个历史人物的化身呢？

从八贤王的名字赵德芳来看，他的原型应是宋太祖的第四子。《宋史·宗室传》记载：太祖有四个儿子，第四子德芳被封为秦王，任山南西道节度使、同平章事等重要职务，太平兴国六年（981）病亡，才二十三岁。他在世的时候，杨家将中老令公杨业还活着，六郎杨延昭也未任边关统帅，因此这个赵德芳与杨家将不会发生什么关系。

有人认为，八贤王应是宋太祖的皇位继承人赵德昭（德芳之兄）。他聪明英武，喜愠不形于色，深得太祖信任，曾“赐金简一柄，如不法之属得专诛戮”。太祖传位给皇弟太宗，德昭失去了当天子的机会，太宗虽然封他为武功郡王，朝会时位列宰相之上，但内心对这位颇有韬略的侄子存有戒心。尤其是太平兴国四年（979）出征幽州时，一天夜间，一件偶发的事情使军营中惊扰不安，军士到处寻找太宗却不知其踪影，有人提出立德昭为帝。太宗得知，更为不满。回朝后，当德昭提醒他论功行赏时，他以充满怀疑、忌恨的口吻说：“待汝自为之，赏未晚也！”德昭闻言，退而自刎，因为他深知在猜忌心极重的太宗手下，决不会得到善终。人们对这位失去皇位又死于非命的皇子十分同情，就让他化为公正无私，一忠二孝，有上殿不参、下殿不辞，上打昏君、下打谗臣特权的八贤王，帮助杨家将对付那些危害朝政的权臣。但是，德昭从未被封为八贤王，怎么会平白无故地与八贤王沾边？

因此，又有人认为，八贤王之称得之于太宗第八子元俨。此人“广颡丰颐，严毅不可犯，天下崇惮之，名闻外夷”，时人呼之曰“八大王”。虽然这八大王的作为与八贤王的故事相距甚远，但他的事迹影响、丰富了八贤王的传说，还是有可能的。

● 八贤王（《绘图北宋杨家将传》）

总之，八贤王在历史上找不到一个完全与之对应、吻合的人物。他是由宋初宗室的一些轶闻，加上人民群众的感情倾向，经过剧作家的艺术加工融合而成的人物。在民间传说中，他的出现，不仅增加了戏剧性的冲突，还满足了人们崇敬忠臣、惩处权奸的心理要求。正因为这样，这位虚构的戏剧性人物八贤王赵德芳，才会如此栩栩如生地活在人们的印象中。

曹彬是良将还是庸才

曹彬是宋初名将。在太祖、太宗朝，他披坚执锐，南征北战，为北宋的建立与统一立下汗马功劳，深得君王宠信，官至枢密使兼侍中。卒赠中书令，追封济阳郡王，谥武惠，并与名相赵普一起，配享太祖庙庭。可谓生荣死崇，声名赫赫。有宋一代，曹彬被誉为“勋业最隆、功冠群雄”的“本朝第一良将”，与汉代赵充国、唐代王忠嗣并称为“有三代将帅气象”的将才。后世对他也推崇有加，使之盛名不衰，《宋史·曹彬传》甚至说他在周岁“抓周”时，就一手抓打仗用的干戈，一手抓祭祀用的俎豆，又抓了一块印，对其他东西看都不看，早已预示出日后的雄才大略与显赫地位。

然而，现代学者在查考了曹彬平生功业后指出，曹彬参加的主要军事活动有四次：第一次是乾德二年（964）十一月至次年正月平定后蜀之战。当时曹彬是监军，虽能洁身自好，约束军队，可是并非平蜀统帅，未见奇计巧谋，也没有经历激烈战斗，战强敌而胜之，这次战役并无可夸言的战绩使他得以被称为良将。第二次是开宝七年（974）正月至次年十一月平定江南之役，这是曹彬一生的得意之战。他身为统帅，攻灭了南唐李氏政权，又约束将士，禁止杀掠，使富庶的江南及首府金陵未遭大的破坏，这一功勋一直为人称颂不已。但是，这次战役是以强对弱，当时江南已四面楚歌，而宋军准备周密。在这样有利的局面下，曹彬率十万大军，攻了一年多才得以平定，旷日持久，劳民伤财，主帅实难辞其咎。第三次是太平兴国四年（979）正月至五月平定北汉之役，曹彬随太宗出征，并没有指挥战斗，也无惊人谋略和过人战绩，更没有堪称为名将的功业。第四次是雍熙三年（986）的北征攻辽，曹彬统率约二十万士卒为主力军，与辽军交战于涿州以南的岐沟关（今河北涿州西南），惨败而归，损失大半。这次战败使宋朝北部边防门户洞开，辽军乘胜南下，河朔震动。时议认为这是将帅疏于韬略、指挥无方所致。这次战役中，人们看到了曹彬的无能，称之为庸将倒是名副其实。总之，曹彬参加的几次军事活动，或因对手不堪一击而胜，或因疏于计谋、指挥不当而败，或面对弱敌仍旷日持久，即使取胜也不见惊人谋略、过人战绩，所有这些都反映出曹彬既无指挥才干、又无神机韬略的真实面目。他充其量是个谨小慎微、奉公守法的将领。

那么，是什么原因使得庸将久负盛名呢？其一，曹彬的为人值得称道：他廉洁，在其他将帅聚敛成风时，他却居陋宅，着素袍，不受馈赠，家无余积；他宽厚，对同僚、下属都能友好相处，口不言人过，甚至对于曾经弹劾过他的人，也毫不记嫌，助人于危难之中；他谦恭，国初战事方殷，武将们气焰甚盛，常凌辱士大夫，而曹彬虽勋望日隆，名宠益峻，却不以富贵骄人，谦恭自处，因而颇得人心。其二，曹彬好学多识，每次出征，带回来的都是图书。勤奋读书，使他学识日益广博，与朝士清谈，历代治乱之迹，灿然胸中，问一知十，连鸿儒硕士也自叹不及。他的学识使之与士大夫有共同语言，因而也易得士大夫称誉。其三，曹彬后裔在真、仁、英、神四朝一直地位显赫，尤其是孙女被选为仁宗皇后以后，其名望更是隆盛。因此，对他的评价，容易誉多于毁。然而，究其更深层的原因，还是与北宋的御将之道有关。宋太祖出身于中下层武将之家，从跻身大将行列到登上帝位，仅用了四年，这使他“终夕未尝敢安枕而卧”。因此，他的御将之道是不求善战，必求忠诚，以巩固赵氏统治，对有才干的将帅常常猜忌、防范、压抑，而把忠实驯良、谨小慎微的曹彬，抬为宋代第一良将，成为武臣的楷模。

上述论断虽是一家之言，却也言之有据，论之成理。常言道“盖棺论定”，作古已愈千年的曹彬虽久负盛名，但他究竟是良将还是庸才，似乎尚有可议之处。

康保裔是英雄还是懦夫

康保裔是宋初名将，他战功卓著，在太祖、太宗朝屡获升迁。真宗即位，又委以要职，为高阳关都部署。咸平二年（999），契丹兵大举南下，与宋军战于河间，康保裔挑选精锐，出战拒敌。两军相遇时，天色已暮，便约定次日一早决战。契丹连夜调兵遣将，布下重重包围，康保裔的部下见形势不利，力劝康保裔改换装束飞马突围而出。可是，康保裔拒绝说："在危难的时候，我不愿苟且获免。"于是决意死战。一连两天厮杀，双方伤亡惨重，战场被战马践踏得深凹下去，康保裔终因寡不敌众，兵尽矢绝，战死于疆场。朝廷闻此消息，大为震悼，两天不行朝会。

这段记载，见于《宋史·忠义传》。由于康保裔的勇往直前和慷慨就死，史臣们将他列于《忠义传》的卷首。李焘《续资治通鉴长编》、王称《东都事略》、陆游《老学庵笔记》等，对于康保裔阵亡事，均言之凿凿，究其史源，都出自于《真宗实录》。

但《宋史·路振传》载："咸平中，契丹犯高阳关，执大将康保裔，略河朔而去。"《辽史·圣宗纪》亦载："与宋军战，擒其将康昭（保）裔、宋顺，获兵仗器甲无算。"如果说《辽史》有可能站在契丹的立场上说话，那么，《宋史》的一事二说，就足以使人产生疑问：康保裔究竟是被辽所俘，还是战死疆场？对此锲而不舍的学者，又在《续资治通鉴长编》中发现了“其部曲畏诛，声言保裔投贼”和“康保裔被擒，王师未有胜捷”等关于康保裔投辽的蛛丝马迹。

设若康保裔的英勇阵亡是不确切或不可信的，那么宋朝廷为何会因此“废朝二日”，又恩加保裔四子一孙官职，遣使问劳其八十四岁的老母，并赐白金五十两，封陈国太夫人……朝廷的重视与厚赐，应该是有可靠的事实依据的。但有的学者指出，宋在对辽战争中节节败退，是宋真宗感到十分丢脸的事，为了掩盖宋将的败绩和大将降辽的难堪，朝廷竭力把康保裔装扮成忠义之士，并把这一被大肆加工与渲染的故事载入《真宗实录》，以掩人耳目，混淆视听。

宋以后的史家并非忽视了这一疑点，如毕沅《续资治通鉴》便对康保裔降辽说作了认定，但是此说似乎并未在史学界引起重视。康保裔究竟是战死沙场的英雄，还是变节投降的懦夫，还有待后来者探究。

李顺遇害于何年

北宋农民起义领袖王小波壮烈牺牲后，他的妻弟李顺被推举为首领，领导起义军继续斗争。淳化五年（994）正月，起义军胜利占领成都，建立“大蜀”农民政权，队伍扩大到几十万人，其破竹之势震动了北宋王朝。宋太宗急忙派官军分兵两路入川镇压，于当年五月攻破大蜀政权所在地成都，有三万多义军英勇战死，八名首领被俘遇害。李顺的结局如何？他究竟死于何时？这一问题自宋代起即歧议丛生，至今也未趋于一致。

宋代的许多史书如《宋史》《宋会要辑稿》等，都据《太宗皇帝实录》定下的基调，把李顺的死期定于起义失败的当年，即淳化五年。这一说的来源，是太宗亲信宦官、受命镇压起义的剑南两川招安使王继恩的军前奏报，《宋会要辑稿·兵》记载了这一史料：“(五月）十七日继恩遣人驰奏：川贼平，斩获贼首李顺首级。”在王继恩告捷的次日，宋廷宰臣率文武百官还大张旗鼓地庆贺。这是统治者兴高采烈的事，谁去怀疑它的真实性，谁就会倒霉。当时有带御器械张舜卿直言禀告：“臣闻顺已遁去，诸将所获非也。”太宗怒斥道：“平贼才数日，汝何从知之？徒欲害人功尔。”并且“叱出，将斩之”(王明清《挥麈后录》卷五）。张舜卿后来虽未被杀，却丢了官。因此，“淳化五年说”

是宋代官方的定论，朝中官员即使满腹疑团，也不敢随便议论。尽管如此，仍有史学家以模棱两可的态度来表示不同意或怀疑。如王称在《东都事略·太宗纪》中说："遂克成都，李顺之党并伏诛。"这里的"李顺之党"，即"李顺的党羽"，显然是不包括李顺本人的。

北宋科学家沈括主张李顺死于景祐年间（1034—1038），他在《梦溪笔谈》卷二十五中记述说："景祐中，有人告李顺尚在广州，巡检使臣陈文琏捕得之，乃真李顺也，年已七十余。推验明白，囚赴阙，覆按皆实。朝廷以平蜀将士功赏已行，不欲暴其事，但斩顺，赏文琏二官，仍閤门袛候。……文琏家有李顺案款，本末甚详。……顺初起……大赈贫乏，录用材能，存抚良善，号令严明，所至一无所犯……及败，人尚怀之，故顺得脱去三十余年乃始就戮。"沈括治学严谨，富有科学研究精神，所处年代与李顺相近，又与陈文琏相识，所言应较为可信。因此，近几十年我国史学界大多倾向于这一说。

也有学者认为陆游在《老学庵笔记》中提出的"天禧说"更为可信。陆游记述道：成都将破时，李顺突然召数千僧人祈福，又让数千童子当场削发，换上僧衣，然后几千名和尚分东西两门出，僧人散尽，李顺也不知所在。可以推断，他是自髡后混在僧人中一起逃遁了。真宗天禧初年（1017），官府在岭南抓获李顺，初欲诛之于市，令百官贺，时吕夷简为知杂御史，认为不宜过于张扬，于是在狱中杀之。这段记载颇具传奇性，因而近人张荫麟就认为，陆游是"但凭二百余年后父老之传说耳"。但是坚信此说者认为，如果把李顺一案放在景祐中的任何一年，都会有许多难以解释的问题。比如从景祐元年（1034）

上数到淳化五年足有四十年，但沈括说的是三十余年。另据《宋史·吕夷简传》记载，逮到李顺时，左右皆称庆，但后来按验下来发现是假李顺，知杂御史吕夷简和枢密使王钦若曾为是否将实情禀报产生分歧。查考二人履历，他们分别担任上述官职的时间，正是天禧元年的一至八月。到景祐中，吕夷简已为相多年，王钦若早已作古，两人不可能为此事而产生龃龉。

“景祐”“天禧”二说都否定了李顺死于淳化五年的官书记录，但哪一说是正确可信的呢？

生母之谜——宋仁宗的遗憾

喜欢看包公戏的人都知道这样一个故事：包公外出巡视，行至半路，突然一阵怪风吹落了他的帽子。包公觉得这风来得蹊跷，就跟随骨碌碌向前滚动的帽子来到一座破窑前。窑中住着一位双目失明的老妇，虽然衣衫破旧，面容憔悴，却不失大家风范。老妇得知来者是铁面无私的“包青天”时，不由得双泪长流，一声“包卿”叫得包公大惊失色——这“包卿”可是普通人可以唤得的？原来，这瞎眼老妇是当今天子宋仁宗的亲生母亲、真宗皇帝的宸妃。因为她生下皇子，遭人陷害，诬为生下怪胎的妖孽，多亏宫人冒死相救，才逃出深宫，隐姓埋名至今。可怜她身为国母，却不能母子相认。包公起先不敢相信，但看过老妇取出当年真宗皇帝留给她的玉佩，才知老妇所言是真。于是将她带回京城，并设计使仁宗认母，使奸人受惩。这就是由包公追“落帽风”引出的“狸猫换太子”的故事。故事虽是虚构，但并不是完全捕风捉影，宋仁宗的生母问题，确曾是宋代历史上的一个谜，而宋仁宗终生未能与亲生母亲相认相亲。

据《宋史·后妃传》记载，宸妃姓李，原是宋真宗刘德妃的侍儿，庄重寡言。生下仁宗后，进为才人，后为婉仪。当时，刘德妃被立为皇后，因无子，就把襁褓中的仁宗认为自己的儿子，命杨淑妃保育，而李婉仪却失去了亲自抚育儿子的资格。宋仁宗即位后，李氏默默地处在先朝嫔御之中，不敢有一点母以子贵的表现，其他人因畏惧刘太后的威势，也不敢对仁宗道出真相。因此，仁宗一直以为自己是刘太后所生，呼之为“大孃孃”，称杨淑妃为“小孃孃”；母子间一直感情融洽，嫌隙不生。

明道元年（1032），李氏病重，方进位宸妃，不久即病故，享年四十六岁。刘太后准备用一般宫人的礼仪治丧，宰相吕夷简上奏建议丧礼从厚。刘太后唯恐在座的仁宗听出破绽，急忙引他走开，然后独自回到帘下，怒问吕夷简：“一宫人死，你提出厚葬，是否想离间我母子关系？”吕夷简从容回答说：“太后若念刘氏之后，则丧礼宜从厚。”一句话提醒了刘太后：万一日后仁宗得知身世，痛感生母生前死后都没有得到应有的待遇，一定会怨恨自己，迁怒于刘氏后人！于是，马上命令以一品之礼安葬。吕夷简又密令经办人员以皇后的服饰装殓，并用水银宝棺，还对经办人员说：“日后别说我没有提醒过你们。”

次年，刘太后崩，宋仁宗号泣过度，茶饭不思。杨淑妃（此时已为章惠太后）劝他说：“此非帝母，帝自有母。”（一说是燕王告诉仁宗：“陛下乃李宸妃所生，妃死以非命。”）仁宗方知自己身世，号恸顿毁，不视朝累日，下哀痛之诏自责，尊宸妃为皇太后，谥章懿。又亲临所殡之处祭告，同时派兵包围了刘氏府第。到了奉先寺，启棺后，只见宸妃面色如生，冠服如皇太后，没有鸩杀的痕迹，才证实了传言之妄，于是撤去围兵，在章献刘太后灵前焚香泣告，从此更加崇敬刘太后。

为了弥补一下对亲生母亲的愧疚之情，宋仁宗对李氏家族宠赉甚渥，一再擢升太后之弟李用和的官职，还将福康公主下嫁李用和的儿子李玮。可叹的是，宋仁宗虽然终于知母认母，但亲生母子一日也没能相聚，贵为一国之君，却陷此人间悲剧，谜虽破，也留下终身的遗憾。

郭皇后暴卒——永久的疑问

宋仁宗的嫡配郭皇后，是平卢节度使郭崇的孙女，天圣二年（1024）被立为皇后。当时，仁宗宠爱张美人，欲立为后，章献刘太后不同意。在为仁宗挑选皇后时，又有蜀人王氏女，姿色冠世，入京备选，刘太后见了认为此女过于妖艳，恐对年轻的君王不利，就将王氏许配给自己的侄子从德，而选定郭氏为正宫娘娘。眼看绝世佳人成为他人之妇，仁宗久久不能释怀。不久，刘从德去世，仁宗内批封王氏为遂国夫人，允许她出入宫禁，因朝臣竭力反对才作罢。这些插曲显然对郭皇后极为不利，可见从一开始，她就没有真正博得宋仁宗的欢心。

郭皇后虽深居宫禁，对朝中政事却十分关心，据《涑水记闻》载，明道二年（1033），仁宗与宰相吕夷简商议把依附太后的夏竦等人全部罢官。退朝后，他随口向郭皇后说起这件事，郭皇后说："难道吕夷简就不依附太后吗？只不过他比别人狡猾，善于应变罢了。"仁宗听了，觉得很有道理，就决定将吕夷简一并罢免。第二天早朝时，宣读皇帝的这一诏令，毫无思想准备的吕夷简突然听到自己的名字，大骇不知其故，却无奈木已成舟。事后，他向相结甚厚的内侍阎文应打听，方知是郭皇后的一句话所致，从此衔恨在心。

宋仁宗又宠爱着尚美人与杨美人，使后宫的矛盾日益激化。一天，尚氏当着仁宗的面对郭皇后出言不逊，郭皇后不胜其忿，起身打尚美人耳光。仁宗上前阻拦，混乱中，皇后的一掌误中仁宗的脖子。仁宗大怒，声称要废掉郭皇后。阎文应即向仁宗献计，让仁宗将颈上的伤痕给主要朝臣看，以取得他们对废后的支持，仁宗果然照办。已经复相的吕夷简因前次罢相一直怨恨郭皇后，此时就推波助澜，说："废后之举，古亦有之。"于是，郭皇后被废，封为净妃、玉京冲妙仙师，赐名清悟，居于长乐宫，后又出居瑶华宫。不久，仁宗一时之忿平息，尚、杨二美人又迫于舆论被逐出宫，仁宗因而念及郭皇后的境遇，颇有悔意。一天，他游于后苑，看见郭皇后旧日所用肩舆，凄然伤之，作了一首《庆金枝》词，遣小黄门赐之。郭皇后和答，凄怆哀婉，动人情怀。仁宗大为感动，密令召后入宫，但是郭皇后回答说："我既被废，如再得召见，一定要百官立班受册才可。"于是，仁宗就有重召郭皇后回宫的想法。

然而就在此时，郭皇后患病，仁宗遣阎文应带医生前去诊视，但几天后，郭皇后就不治而亡。

郭皇后暴卒，当时就传言纷纷。不少人怀疑吕夷简、阎文应先前力主废后，听说仁宗想让郭皇后复位，大为恐惧，便趁郭皇后患小疾，故意用药引发其病。又有传言说，郭皇后用药后疾病加重，但尚未断气，阎文应即向仁宗报告郭皇后病亡的消息，并急忙用棺木收殓。当时王尧臣等谏官对郭皇后的暴死，以及阎文应等人在郭皇后死前数日已备好棺木等反常现象提出疑问，要求察验郭皇后的起居记录，最后却不了了之。郭皇后虽然使仁宗"深悼之"，而且被追复为皇后，但她的暴死，却在历史上留下了永久的疑问。

天圣铜人今何在

北宋仁宗天圣五年（1027）十月，在尚药奉御王惟一主持下，世界上最早供针灸教学及人体体表、内脏解剖用的仿真模型铜人铸造成功了。由于铜人铸于天圣年间，故称天圣铜人。为配合铜人的使用，王惟一撰有《铜人腧穴针灸图经》三卷。

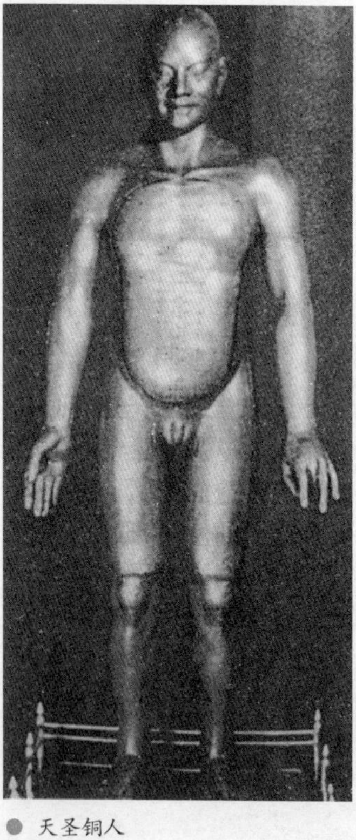

天圣铜人

天圣铜人由青铜铸成，与青年男子身高体态相仿。体表分成十二个部分，各个部分都设有特制的插头，以利于铜人的拆卸组合。铜人表面用黑色漆绘出经脉的连线，线上分布全身经穴，共六百七十四个。穴位旁，用错金技法标出穴位名称。每个经穴都与体腔内凿穿的小孔相通。铜人的体腔内为木雕的五脏六腑和骨骼。总之，天圣铜人不仅在外形上相当细致地测定了人体各个部位的具体位置、相互间的比例关系，在构造方面也极为精致，例如发际的边缘、体表部位的骨骼隆起和凹凸、肌腱皮肤的皱褶等都表现得精确无误。而其体内木制的骨骼内脏更是细致入微，为极好的内脏解剖模型。

铜人的用法更体现了宋人的聪明才智。据记载，用铜人作实习对象、准确寻找穴位时，就将铜人安装好，内灌水银，外涂黄蜡，将铜人体表的经脉穴位封得严严实实，令练习者无法辨识，只能凭着经验下针。如果针扎到了穴位，铜人体内的水银就会从相应的穴位中流出；如果没有扎准，针就会被挡在铜人体表，不会产生“针入而汞出”(《齐东野语》)的奇妙效果。

天圣铜人共铸造两个，一个放在当时的医官衙即医官院内，供医生们实习针灸穴位，熟悉人体构造用。另一个安置在大相国寺的仁济殿，供往来人们参观浏览。

但天圣铜人的珍稀奇妙，注定了它们命途多舛，颇多灾祸，在制成后百余年，第一次劫难就降临了。

靖康二年（1127），北宋都城汴京为金攻占。混乱中，两具天圣铜人相继流落民间，沉浮几度，最终遗失。后来有人通过中、日两国的文献记载，认定其中之一（权且称为“铜人一”）流入日本。当代著名医学家马继兴先生根据多方探究，理出了“铜人一”的流传脉络：“靖康之变”金兵攻破汴京后，铜人散失民间。16世纪，“铜人一”被发现，辗转流入朝鲜。几十年后，流入朝鲜的这具铜人被日本人加藤清正发现，掠至日本。铜人入日一事在日本引起很大轰动，尤其受到日本医学界的关注，不久，饭村石宽等人按照这具铜人的原理造出了仿制品，这即是宽文铜人和木质小铜人。

宽文铜人于日本宽文二年（1662）制成。它与天圣铜人相同之处是外表也用铜铸造，体内为木制的脏腑和骨骼，身上十二经脉由与该经脉相应的颜色标出，经穴部位由红色点记。不同之处是外表体貌改成日本人的样子，还用玻璃质圆球嵌成眼珠，上镶毛制的眉毛。虽然它体表也被分成十几块，但这些部分被焊成一体，不能像天圣铜人那样随意开启拆卸。为弥补这一缺憾，加藤清正等将宽文铜人的体表凿成无数网状圆孔，以便透过这些小孔来观察铜人体内情况。由此可见，这具铜人只抓住了天圣铜人的表面特征，不知道它还有检测练习者功夫的内在机关和巧妙的应用原理。

● 针灸图经刻石

18世纪，江户幕府医学馆由民办改为官学，兴建规模日益扩大，就把天圣铜人、宽文铜人和木质小铜人先后征入馆内收藏。“明治维新”开始后，江户幕府医学馆停办，所藏文物纷纷典出，三具针灸铜人被帝室博物馆（即后来的东京国立博物馆）收藏至今。

另一具天圣铜人（权且称为“铜人二”）在“靖康之变”后不久辗转至今湖北地区。南宋周密《齐东野语》记载：“尝

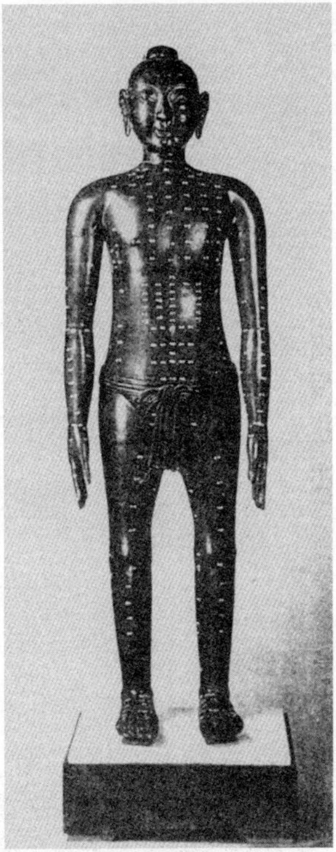
● 明代针灸铜人

闻舅氏章叔恭云：昔倅襄州（今湖北襄樊）日，尝获试针铜人，全像以精铜为之，腑脏无一不具。其外腧穴则错金书穴名于旁。凡背、面二器，相合则浑然全身，盖旧都用此以试医者”，“后赵南仲归之内府，叔恭尝写二图，刻梓以传焉”。可见周密的舅父章叔恭曾经见过这具铜人，并在赵南仲献于南宋朝廷时，特意绘图作了记录。

赵南仲（1186—1266），即赵葵，京湖制置使兼知襄阳府赵方之子。赵方在襄阳任职时，他负责襄阳府饮食、给养之事。赵葵得到铜人献于南宋政府是合乎情理的。这具铜人不久被南宋送给蒙古了。

入元后，“铜人二”由于经历太多磨难，已残破严重，皇帝遂敕命修复，并存放大都（今北京）三皇庙神机堂。

明朝建立后，又将“铜人二”由三皇庙迁入内府收藏。铜人虽经元代修复，但依然“昏暗难辨”。明政府就在正统和嘉靖两朝先后重铸两种铜人供实用，天圣铜人被束之高阁。明末战乱迭起，“铜人二”再度丢失，从此下落不明。近代有人对“铜人二”的丢失时间提出新的看法，认为这具铜人不是在明末，而是在清末丢失的。

像许许多多珍贵文物一样，两具天圣铜人都历经坎坷，尤其“铜人二”是否就此便遗失于历史长河之中，还是一个疑问。

范仲淹断齑划粥在何方

到苏州天平山旅游，人们不仅要观赏如万笏朝天的奇石，满山尽染的枫叶，还要去寻访北宋著名政治家范仲淹的遗迹，因为范氏家族坟茔就在这山脚下。

人们都知道范仲淹的祖籍是苏州，因之也有不少人认为范仲淹就是生在苏州、长在苏州的，甚至断言范仲淹“诞生在苏州郊区的香山镇，少年时代是在苏州度过的”。范仲淹断齑划粥、发愤苦读的故事，也有人断定是发生在苏州天平山下的咒钵庵里。

这些大多出现在地方史话等读物中的记载，显然无法得到史学家们的认同。

首先，范仲淹是诞生在徐州，也不成长于苏州。据富弼所撰的《文正范公墓志铭》记载，范氏先祖始居河内，后徙长安，唐懿宗时举家南渡长江。从其四世祖范隋以后，范氏这一支就定居于吴县（今苏州）。五代时期，范氏数代在吴越做官，他父亲范墉于太平兴国初归宋，先后所任的，都是些掌管书牍奏记的幕僚官。北宋端拱二年（989）八月，范墉的继室谢氏在徐州的官舍里，生下了他最小的儿子，这就是范仲淹。宋楼钥《范文正公年谱》也明确记载了他的出生年月和出生地：“太宗皇帝端拱二年己丑秋八月丁丑，公生于徐州节度掌书记官舍。”

范仲淹诞生的第二年，他的父亲就因病去世了。母亲谢氏贫无所依，只得带着尚在襁褓中的儿子改嫁朱文翰。以后，范仲淹就随继父宦游四方。他曾经到过澧州安乡（今湖南安乡），还曾到过池州（今属安徽），不久，朱文翰任淄州长史，范仲淹也来到淄州（今山东淄博南）。朱文翰是位知书达理的人，他对范仲淹有养育之恩，而范仲淹也一直不知道自已的身世。直到他二十三岁那一年，“以朱氏兄弟浪费不节，数劝止之，朱兄弟不乐曰：‘吾自用朱氏钱，何预汝事?’”他才知道自己本是姑苏范氏之子。于是“感愤自立，决欲自树立门户，佩琴剑径趋南都”。由于史料的缺乏，他的年谱对他二十岁以前的事也语焉不详，但是，至少可以看出，范仲淹的少年时期根本与苏州无涉，较多的是在山东度过。

其次，范仲淹断齑划粥也不在苏州。宋彭乘《墨客挥犀》记载：“庆历中，范希文以资政殿学士判邠州，予中途上谒，翌日招食……因道：‘旧日某修学时，最为贫窭，与刘某同在长白山僧舍，日惟煮粟米二升，作粥一器经宿遂凝，以刀为四块，早晚取二块，断齑十数茎，醋汁半盂，入少盐，暖而啖之，如此者三年。’”范仲淹亲口所说的长白山，位于山东中部，即今邹平以南的白云山，因山中云气长白而得名。山中有一条小溪潺潺而下，溪水清澈见底。山之北麓有醴泉寺，范仲淹就是在这里发愤苦读。他常常通夜不眠，疲倦了则“以水沃面”，直至东方欲晓，僧人都起床了，他才和衣而卧，休息一会儿。他的生活极其艰苦，“断齑划粥”是他日常伙食，但也就是在这艰

● ［明］《范仲淹像》

苦的环境中，他博览群书，从而“慨然有志于天下”。在他去世前的一年，去青州赴任的途中经过长白山，当地的父老乡亲迎接他，范仲淹以诗寄其乡人曰：“长白一寒儒，登荣三纪余。百花春满地，二麦雨随车。鼓吹前引道，烟霞指旧庐。乡人莫相羡，教子读诗书。”诗中的“长白一寒儒”，正道出了范仲淹在长白山僧舍中苦读的情况。

正由于范仲淹在长白山醴泉寺里苦读过，因此早在英宗治平二年（1065），这里就建有范仲淹祠堂，这时距离范仲淹去世仅十三年的时间。后世文人学士，因无不仰慕范仲淹“先天下之忧而忧，后天下之乐而乐”的伟大胸怀，多来此游览凭吊，并留下许多缅怀先哲的诗篇。如元代文学家张养浩有《谒文正公祠堂》：“长白何岧峣，下有读书室。人云小范老，于此度辰夕。”明代诗人毕瑜也留诗曰：“数万甲兵堪却敌，一生忧乐不谋身。至今长白山前庙，犹有余光射斗辰。”这些文字至少可以说明，早在元明时期，人们就已经认同了长白山是范仲淹“断齑划粥”之处。

《岳阳楼记》的创作之谜

我国古代江南三大楼阁之一的岳阳楼（位于湖南岳阳市西），自唐宋以来，久负盛名。据说，它是三国时名将鲁肃的阅兵台，虽然历经了至少五十一次修葺、二十四次重建、三次迁移，在不同的历史时期有不同的风貌，但在人们心目中，它始终是范仲淹笔下那俯瞰八百里洞庭，可使人“心旷神怡，思绪万千”的千古名楼。凡是读过范仲淹的《岳阳楼记》的人，谁不向往岳阳楼呢？而到过岳阳楼的人，又有谁不在《岳阳楼记》的雕屏前流连忘返呢？楼以文显，文以楼传，千百年来，岳阳楼因范仲淹的名篇而声名益著，《岳阳楼记》又凭岳阳楼的风姿而脍炙人口。然而，在《岳阳楼记》的研究中，有一种很流行的说法是范仲淹从未到过洞庭湖，更未登过岳阳楼。学者们查阅了《范文正公文集》《范文正公年谱》等史籍，认为范仲淹“少长北地”，后来一直在外地做官，没有资料表明他去过洞庭湖。那么，他又是如何写出《岳阳楼记》，并把岳阳楼周围的景物描绘得如此逼真的呢？有人认为，范仲淹曾在江苏太湖生活过，对湖泊那种“浩浩汤汤，横无际涯”的万千气象十分熟悉，加之巴陵郡守滕子京在求其作记时，又赠送过《洞庭晚秋图》一本，供其“涉毫之时或有所助”。范仲淹形象思维能力很强，虽未亲临洞庭，但有图为依据，联想到太湖，再参以

“唐贤今人诗赋”，便写出了那赏心悦目的洞庭景色。

但是，也有不少学者认为范仲淹曾到过洞庭湖。史载，他的继父朱文翰曾任澧州安乡（今湖南安乡）知县，范仲淹在二十三岁至二十七岁时，随任寄居于此地扫室读书，安乡至今有范公读书堂、读书台、洗墨池等古迹。安乡临近洞庭湖，四年中范仲淹或路经岳州（今湖南岳阳），或游历岳州，对洞庭湖是十分熟悉的。他能把八百里洞庭描绘得如此形象，可谓如诗如画，堪称绝笔，没有一定的生活基础，未经仔细观察，是难以做到的。

不过，虽然对范仲淹是否游过洞庭众说迥异，人们还是较为一致地认为他从未到过滕子京在庆历五年（1045）重修的岳阳楼。学者们仔细研究了《岳阳楼记》，发现范仲淹在行文时采用了“避实就虚”的手法。三百六十四字的记文中，具体描写新落成的岳阳楼的，仅“增其旧制，刻唐贤今人诗赋于其上”十四字，可谓轻巧简雅，巧夺天工。随之以“予观夫巴陵胜状，在洞庭一湖”之句，把读者的目光从巍巍岳阳楼引向一碧万顷、浮光耀金的洞庭风光，使读者的思绪随其笔锋在八百里湖面上纵横驰骋，将壮丽秀媚的湖光山色尽收眼底，同时借景抒情，表达了作者“先忧后乐”的伟大抱负。

流传千古的《岳阳楼记》到底是如何写就的？那“朝晖夕阴”的洞庭风光究竟是否根据太湖景色想象出来的？当你再次吟诵百读不厌的《岳阳楼记》时，一定会想起这一有趣的问题。

包公是长嫂抚养长大的吗

包拯（999—1062），字希仁，谥孝肃，北宋庐州合肥（今属安徽）人。仁宗时，任天章阁待制、龙图阁学士、开封府尹，官至枢密副使。他一生刚正不阿，为官清正，历来被誉为清官，尊称“包公”，俗称“包青天”。其事迹，在《宋史》《孝肃遗事》中均有记载。后人通过杂剧、话本、小说等把包公塑造成“廉洁奉公”“刚直不阿”“执法如山”的正直之神。其中有一出吉剧叫做《包公陪情》，说的是包拯自小由长嫂抚养长大，对嫂嫂的感情十分深厚，称为嫂娘。他的侄子包勉为官不正，贪赃枉法，包公大义灭亲，铡了嫂娘的亲骨肉。事后，包拯奉旨往陈州放粮，顺道回家向嫂娘陪情。嫂娘痛失爱子，责怪包拯不顾当年养育之恩，激愤中举剑欲杀包拯。包拯晓以大义，并以放粮事急，请求放粮归来再来领罪。其嫂念包拯一片忠心，亦捐弃私愤，为包拯饯行。京剧《赤桑镇》的内容与此大同小异。

虽是戏剧，但并非完全出于杜撰，几百年来，民间一直流传着包公待嫂若母的故事。然而，遍翻史学论文和著述，却找不到这样的记载。为什么民间传说与史学研究会有如此大的落差呢？包公由长嫂养大的说法难道真是空穴来风？

包拯的父亲包令仪，早年曾举进士，做过官，但后来一直退居乡里，不再出仕。这位安分守己的忠厚长者一生只有一个儿子，就是包拯。民间传说，包公是文曲星下凡，出生时是一个“头脸乌黑的怪胎”，包家惊恐万状，将他扔到后花园遗弃了。幸亏有个贤惠的大嫂，暗地将他收养了起来，抚育成人。这一说法纯系子虚乌有，包公既是独子，何来兄嫂？在合肥包拯墓的附葬区内，有包公长子包繶、长媳崔氏合葬墓，次子包绶、次媳文氏合葬墓以及长孙包永年墓。在包繶和崔氏合葬墓铭中有这样一段记载：“（包拯）晚得幼子绶，其母出，节妇慈养之为己子”，“当姑夫人捐馆舍时，绶犹孩童，节妇迎师教导之，以至成人，为择取良妇。绶事节妇如母，复立族子永年，为祝史嗣”。在包绶的墓志铭中也记载说：“公有寡嫂崔氏，素以节义闻，公以母礼事之。”《宋史·包拯传》也说：“拯尝出其媵，在父母家生子，崔密抚其母，使谨视之。繶死后，取媵子归。”这些文字告诉我们，包拯的长媳崔氏把包拯媵妾所生之子、年幼的包绶当儿子看待，精心地抚育，正因如此，包绶也很尊重寡嫂崔氏，把她当母亲一样侍奉。

● 包拯

崔氏为什么被称为“节妇”呢？这里确有一段感人的故事。崔氏嫁到包府二年，包繶就得暴病去

● 黑脸包公

世。才二十一岁的崔氏生下一遗腹子名文辅，养到五岁时夭亡，从此就一心侍奉公婆。而包公在嘉祐七年（1062）病逝时，其次子包绶才五岁，寡居多年的崔氏就担起抚养之责。崔氏之母闻知包公去世，劝其女儿改嫁，崔氏曰："母不惊乎！倘欲嫁者，不候今也。"崔母曰："夫死守子，子死何待？"崔氏曰："舅丧姑老，有小郎如儿子，其门户待我而立。"崔母最终被说服，支持女儿留在包家。在封建社会中，类似的事情很多，但崔氏的作为，加上包府的声望，遂以节义闻天下，并惊动了哲宗皇帝，追封其为节妇、永嘉郡君。后人把她的事迹与包拯的政绩一起载入宋史。

显而易见，抚养小叔长大的是包拯的长媳崔氏，被抚养的是包拯的幼子包绶。然而，这一张冠李戴是怎样发生的呢？我们可以从包家的墓碑来解开这一疑团——包拯墓碑全称是"宋枢密副使包孝肃公拯之墓"；包繶崔氏合葬墓碑上刻的是"宋奉义郎潭州通判包公繶节妇永嘉郡君崔氏之墓"；包绶文氏合葬墓碑刻的是"宋朝奉郎潭州通判包公绥蓬莱县君文氏之墓”；包永年墓碑刻的是“宋宣教郎知崇阳县事包公永年之墓”。原来，“公”是古代人们对某些人的一种尊称，故包家祖孙三代四口都被称为“公”。而四人中，包拯的地位最高，知名度也最高，后人将这几位包“公”的事情纠缠在一起，都加在包拯头上。再加上传说和戏剧中的虚构、夸张，以讹传讹，形成了独生子包拯为嫂娘养大的误说。

包公可曾审牛舌

包拯立朝二十六年，上报国家，下安黎庶，刚正不阿，勇斗贪官豪强，尤其精于断案，是个老百姓信赖的“包青天”。他那铁面无私、一身正气的形象，也正是通过许多脍炙人口的“包公案”而树立于人们心中的。

包公断案的故事虽有许多，但被记入正史的只有一个，这就是《宋史·包拯传》中所记的“审牛舌”案。包公在任天长知县时，有个农民哭丧着脸到县衙门告状，说是有人割掉了他家耕牛的舌头，请求将凶手捉拿归案。这种小事，若遇到昏官，大约是不屑一顾的，但包公是位爱民心切的父母官，他深知对农家小户而言，一头耕牛意味着什么。所以他受理了这一只有苦主、没有被告的“无头案”。包公分析，割牛舌没有经济利益可图，因此必定是农人的仇家采用的报复性手段。于是，就对农民说：“牛被割了舌头也活不长了，你还是杀了它，卖牛肉赚回几个钱吧。但不要说是我同意你这么做的，否则破不了案。”那农民一听，大惑不解，因为宋朝法令中有“禁杀耕牛”一条，这县太爷为什么要我以身试法？可是既然是县令的主意，只好照办。不久，有人到县衙门告农人私杀耕牛。包公升堂，猛然喝问：“大胆歹徒，为什么割了牛舌又来告人私宰耕牛？”那人一听，以为事泄，十分惊恐，只好招认因与牛主人有私怨而先害其牛、又害其人的犯罪行为。这是包公为官不久后审理的一个案件，已充分显示了他的机智和办案能力。从此，包拯善断狱讼的名声就流传开了。

无独有偶，《宋史·穆衍传》中，记载着穆衍（1033—1095或1096）在任华池令时，也断了一桩牛舌案，内容经过与包公所为基本相同。于是，有人认为此案两见于《宋史》，很可能张冠李戴，不能断定就是包公审了牛舌案。又进一步推断，包公的许多断案故事，是人们为神化包公而杜撰的，包括牛舌案也可能是这样。

● 包拯

针对上述说法，有人提出反对意见，理由是：一、包拯年长穆衍三十四岁，后者即使是大器早成，任华池令时，包公也早已是监察御史了，早年的神断早已传为美谈，穆衍完全有可能仿包公而断案。二、天长与华池两地相隔，将一事二载或二事混为一谈的可能性较小。三、两事虽然大同，却还有小异，比如包公嘱农人“杀（牛）而鬻之”，而穆衍却只要求他“杀之”等等。据此认为，包公审牛舌案是可信的。

然而，两案毕竟有惊人的相似之

处，如果说穆衍仿照包公的方法巧断此案算得上是聪明有为的话，那么罪犯仿照众人皆知的故事去作案，就未免过于愚蠢了，牛舌案是一起还是两起？断案者究竟是谁？哪一案是后人杜撰的？这些问题仍然存在可疑之处。

真假莫辨的包公墓

包公墓葬，史籍记载有两处。据《大明一统志》《合肥县志》和《包氏家谱》记载，包公死后葬在安徽省合肥市；而据《河南府志》所载，是在河南省巩县（今巩义市）。两说均有可靠的史料依据，加上民间种种传说，给包拯墓披上了神秘的外衣，使两处墓地孰真孰假，千年莫定，成为难解之谜。

1973年，因合肥钢厂扩建的需要，对包拯及其家族墓地进行全面清理和发掘。历时四个月，发掘出包拯长子包繶夫妇合葬的二号墓；长孙包永年的三号墓；次子包绶夫妇合葬的四号墓；南宋以来一直被人当包公墓膜拜的五号墓；以及墓地被破坏后，包拯夫妇迁葬的一号墓。一号墓中有一具男性骨架，基本完整，据鉴定年龄在四十岁以上，与包公情况相符；此外还有一个疑冢。最后，又根据当地老人追忆的祖辈传言，意外地发掘出包公原葬的六号墓，其中有陪葬木俑"十二时神"，是确定包拯墓的重要物证。在一块墓地上，有包拯原葬墓、迁葬墓、张冠李戴墓、以假乱真墓，真是真真假假，虚虚实实，在考古发掘上也是罕见的。

人们在复杂的情况中，得出如下结论：一、包拯确实安葬在家乡合肥，有洋洋数千言的墓志和经科学鉴定的头骨为证。二、包拯夫妇墓是大型石室墓，超越了《宋史》所载的有关规定，可见墓主生前受到朝廷的特别恩宠。三、包拯墓于南宋建炎四年（1130）为金兵所破坏，棺骨迁至一号墓安葬，原墓废为耕地。四、庆元五年（1199）重修时，把包拯之妻董氏墓当作包拯墓，供人长期祭奠，因此民间流传着“包拯墓是假的”之说。

至此，千年的包公墓之谜可说是解开了，包公墓在合肥市东郊，已成定案。

但是，河南巩义市的包公墓又如何解释呢？它坐落在宋真宗的永定陵附近，是一座高约5米的冢墓，从风格与规模看，确是北宋高级官员的墓葬。明嘉靖三十四年（1555）修的《巩县志》中，已明载包拯墓位于县西宋陵中，距当时已有好几百年了。巩义市为什么会有包公墓？它修于何时？它与合肥包公墓有什么关系？一连串的疑问，难以回答。

● 包公祠　摄影　江小铎

有人认为，巩义市包公

墓离宋仁宗墓远而离宋真宗墓近，史书也说是“陪葬真宗陵”。可是，包公的全部政治活动都在宋仁宗时期，为什么要他陪葬真宗？于是推测，包公墓中埋葬的，可能是另一位陪葬真宗者，因年长日久，附会于包拯。也有人指出，包拯自死于开封到合葬，中间经过一年零三个月，可能暂时安放在巩县，留下了一个衣冠冢。人们出于对包公的敬重，不忍心废弃而精心修缮，使之冢大碑高，符合包公的身份，因而使后人真假难辨。

巩义市包公墓的真相究竟如何？人们期待着考古发掘早日提供答案。

似有似无“皇祐钱”

以“皇祐元宝”“皇祐通宝”为文的皇祐年号钱，以十余枚的稀罕数量，在清以降的收藏家们手中传来递去，受到格外珍惜。归纳起来，现在收集到的皇祐传世品钱图，见诸著录的共十三枚，其中以乾隆十五年（1750）《钦定钱录》所辑最早，其余多为咸丰年间（1851—1861）钱谱所载。这些皇祐钱的具体情形是：除一枚篆书的“皇祐通宝”收于《泉货汇考》外，其余的钱文都是“皇祐元宝”，包括五枚篆书、四枚楷书和两枚隶书。这十三枚钱中，又有十二枚为平钱，只有一枚为折二钱。

关于皇祐钱，史载不多，目前能看到的，一是《宋史·食货志》称：“皇祐中，饶、池、江、建、韶五州铸钱百四十六万缗；嘉、邛、兴三州铸大铁钱二十七万缗。”此为信史，证明皇祐年间（1049—1054）确实大量铸造过钱币；还有就是清翁树培《古泉汇考》中引《永乐大典》：“皇祐元年铸钱，文曰‘皇祐元宝’，真书一品。”由于《永乐大典》已佚，无法查到此段文字转引于何处，不能复核其真实性，故难确信。而信史《宋史》虽有皇祐铸钱的记载，但没有涉及钱文到底是什么。因而宋代是否铸造过皇祐年号钱就成了一桩谜案。关于目前能见到的皇祐钱，有人认为是真品，有人认为是伪品，也有认为真伪难辨的。

认为皇祐钱是伪品的论者甚多，其中不乏泉界名家。此间人士旁征博引，多方论证，否认其真。如丁福宝在《古泉学纲要》中表示：“今皇祐小平钱有篆、真二种，所见皆伪，无一真者。”日本奥平昌洪《东亚钱志》云：“旧谱所载，系景祐元宝、嘉祐元宝、皇建元宝改刻者。”郑家相《古泉汇伪品》：“近日诸家所藏，或用嘉祐改刻，或系皇建改刻，无一真者。可证仁宗皇祐年间并未铸（皇祐年号）钱。”

历年出土的宋代古钱，不见“皇祐”文钱，似乎也为皇祐钱为伪品提供了佐证。原因是如果皇祐年间铸过年号钱，据《宋史》记载统计，应当有四十六万缗之多，怎么在大量出土宋钱里没有发现它的影踪呢？从这个角度分析，皇祐钱为伪品确信无疑。

但 1971 年 8 月的一篇报道，又把这个结论的肯定程度减低了。据报道说，是年在北京右安门内里仁街前进棉纺厂院内出土了“至道”“皇祐”“熙宁”等铜钱。这是到目前为止皇祐钱见于报道的唯一一例。由于没有公布拓本，也没有进行描述，无人能进一步证实此皇祐钱的虚实。

从宋代习惯上看，只要改了年号，所铸钱文随之更改已成惯例，除非有极特殊的原因才会沿用旧钱。皇祐年号持续用了六年，怎么会不以之为钱文呢？关于这点，清人翁树培认为，由于康定、庆历、皇祐前后十六年间铸钱均用的是“皇宋通宝”国号钱，但考古发掘已经证明他的结论是不正确的：康定铁钱、庆历重宝大钱相继面世，虽然量小，却说明了问题，迟迟不见皇祐钱却令人费解。

高汉铭《简明钱币辞典》在说到皇祐钱时称：“宋仁宗皇祐元年铸。所见为折二钱，面文篆书，旋读；又有楷书小平者，更属罕见。此钱古今海内外泉谱屡有载录，然当代泉家马定祥氏则疑为‘景祐’或‘嘉祐’钱改刻，今存其说。”

皇祐钱，说它假伪，却有史料记载，有零星传世；说它真实，又无足以说明问题的证据，澄清事实真相还有漫长的路要走。

不知所终的侬智高

侬智高是北宋广源州（属广南西路邕州管辖，治所在今越南高平省广渊）西原蛮首领。北宋初，广源州因离邕州（今广西南宁）较远，成为北宋统治的薄弱地区，受到逐渐强盛的交趾李朝的欺凌，“赋敛无厌，州人苦之”。侬智高积极领导当地群众开展反对交趾的斗争，先据傥犹州（今广西靖西东），建“大历国”，后拒绝交趾的利诱，袭据安德州（今广西靖西西北），改称“南天国”。侬智高反交趾的斗争，代表了当地人民的愿望和要求。可是随着地位变化，侬智高的野心越来越大，企图在中国南部建一个割据政权。皇祐四年（1052），他率军攻陷邕州，建“大南国”，自号“仁惠皇帝”，改元“启历”。然后沿江而下，连破九州，进围广州。官史记载，侬智高的军队烧杀抢劫，无恶不作，其母阿侬，有计谋，但性残忍。数年之中，侬智高割据一方，南土骚然。宋仁宗深以南方形势为忧，以名将狄青为宣抚使，统一指挥岭南诸军。狄青惩治了战斗不力的将领，整饬了军队纪律，使军威大振。然后渡过昆仑关山险，与侬智高军展开激战。最后以左右突击、出其不意的战术，大破其军于邕州，应了当时的民谣“农（侬）家种，籴（狄）家收”。

侬智高是曾使北宋朝野为之震惊的历史人物，因而许多史籍与工具书都有他的一席之地。只是谈到他的下落时，均不约而同地说："不知所终。"确实，侬智高的下落，在当时就是一个谜。据《宋史·狄青传》记载，皇祐五年邕州城破，狄军打扫战场时，发现一具穿金龙衣的尸首。众人认为这必是侬智高无疑，欲以此向朝廷奏捷报功。狄青阻止道："安知非诈邪，宁失智高，不敢诬朝廷以贪功也。"说明当时并没有确切的证据证明侬智高已死。《宋史·蛮夷传》记载，侬智高"夜焚城遁，由合江口入大理国"。因此，至和元年（1054），当宋将余靖逮住其母阿侬、弟弟智光、儿子继宗和继封时，并未将他们斩首，而是槛送京师，日给食饮，欲以诱出侬智高。可是，不久有传言说侬智高已死，于是将阿侬母子及孙弃市。既而西川又报告说侬智高未死，正在计划攻黎州、雅州，朝廷即命令地方政府严加防范，四川吏民也为之惶惶不安，要求早作准备。一时虚虚实实，真真假假，朝野忧然，但侬智高最终并没有出现。侬智高是已经战死了呢？还是兵败后绝望而不愿再出山？这在当时已属不可知，今天似乎更是无从探究了。

父子谁是“苏老泉”

南宋王应麟所作《三字经》中有这样一段文字，“苏老泉，二十七，始发愤，读书籍”。说的是北宋苏洵年长后致力于学，大器晚成的事情。苏洵是历史上著名的学者和文学家，他字明允，是眉州眉山（今属四川）人。据史传记载，苏洵直至二十七岁时才发愤为学，闭门读书，遂通晓六经、百家之说。仁宗嘉祐元年（1056），他携二子苏轼、苏辙一同前往京师赴试，经人介绍认识了韩琦和欧阳修。欧阳修奏上苏洵所著文章二十二篇，士大夫争相传阅，朝廷任命他为试秘书省校书郎。其后，苏洵以文安县主簿的身份参与修纂建隆以来的礼书，成《太常因革礼》一百卷。苏洵尤长于古文，笔力雄健，议论畅明，世人将他与苏轼、苏辙合称为“三苏”，并将他们一同列入散文“唐宋八大家”之中。王应麟借用苏洵的故事，意在激励青年学子刻苦攻读。由于《三字经》是一部在后世广泛流传的启蒙读物，苏老泉便成为一位家喻户晓、妇孺皆知的人物。然而自明清以来，学者中不断有人指出其中的谬误，认为王应麟出于疏忽，将“老泉”这一本是苏轼的别号张冠李戴地误加在苏洵头上。经过许多人考据论证，上述看法似乎已成为定论，因而章太炎在重订《三字经》时，便将王应麟的原文改成“苏明允，二十七，始发愤……”自此，有关这一问题的争辩，也就偃旗息鼓了。但是，近数十年来，许多论著和工具书在介绍苏洵的生平时，仍然沿袭了“号老泉”的说法。于是，旧话重提，学术界又为此进行了一场争论，形成一桩至今未了的公案。

持“老泉”为苏轼别号之说者，引述叶梦得《石林燕语》的记载为依据，书中称：“子瞻晚年号老泉山人，以眉山先茔有老人泉，故云。”又称曾在卷册间见“东坡居士老泉山人”八字印。据此而言，老泉为苏轼之号可谓是铁证如山了。持老泉为苏洵之号说法的人，则以《瑞桂堂暇录》的记载为依据，此书称：“老泉携东坡、颍滨谒张文定公，……文定语老泉：‘皆天才，长者尤明敏可爱，然少者谨重，成就或过之。’”以此言之，老泉之号似乎又非苏洵莫属了。上述二说，皆有宋代文献为证，应说是旗鼓相当、势均力敌的。不过，目前看来，倾向于“苏轼说”的人较多一些，他们提出了下述理由来证实自己的观点。其一，

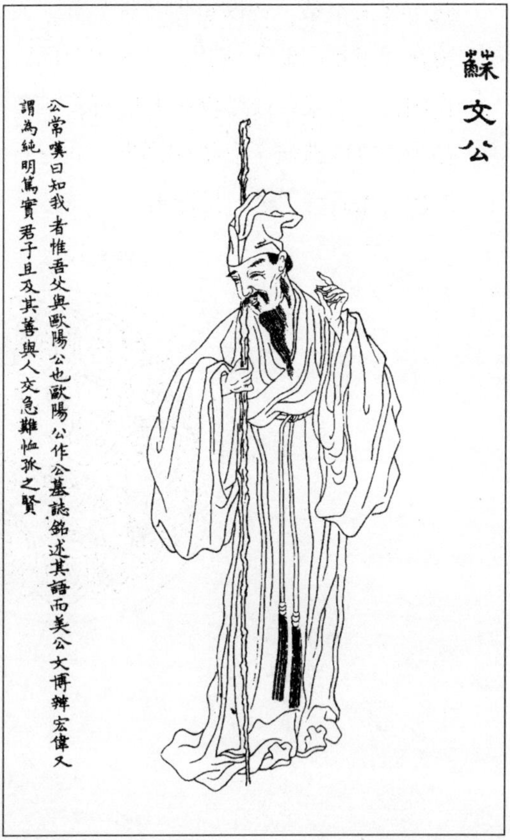

● 苏洵（《晚笑堂画传》）

苏轼行文中从不避讳老泉二字，而在避讳之制颇严的宋代，如果苏洵确号老泉，作为儿子的苏轼却不加避讳，是难以想象的。其二，在与苏洵同时代人的文章中，从未见过有称苏洵为老泉的。如果苏洵确有此号，同时人不会不知晓，而称人字号实为古人的惯例，因此同时人不称此号是难以理解的。持这一观点的人，还推测发生张冠李戴错误的原因，指出苏洵夫妇葬地有老人泉，苏氏子孙即以老泉称其墓地，两宋文人不察，遂以墓地名称苏洵，又讹为其号。他们还指出，苏轼曾在元丰年间贬于黄州，至元祐年间因思念故里先茔，自号老泉，常作画自书老泉，或钤以“老泉山人”“老泉翁”等印章，但知之见之者甚少，以致造成了后世的谬误。此说看似合情合理，但事实真相究竟怎样，还有待于进一步探索。

“狂虏”还是“樯橹”

大江东去，浪淘尽、千古风流人物。故垒西边，人道是、三国周郎赤壁。乱石崩云，惊涛裂岸，卷起千堆雪。江山如画，一时多少豪杰！

遥想公瑾当年，小乔初嫁了，雄姿英发。羽扇纶巾，谈笑间、樯橹灰飞烟灭。故国神游，多情应笑我，早生华发。人间如梦，一樽还酹江月。

这是北宋词人苏轼的名作《念奴娇·赤壁怀古》。它笔力雄健，意气纵横，具有“乱石崩云，惊涛裂岸”的气势，从中不仅可感受到词人的奇怀逸气，更可激起胜概豪情。近千年来，这篇佳作脍炙人口，人们百诵不厌。

然而，词的下半阕“谈笑间、樯橹灰飞烟灭”句中的“樯橹”二字，各种刊本与选本的苏词记载不一，有的写作“狂虏”，有的写作“强虏”，还有作“樯虏”的，因此自宋以来就不断有人提出疑问：究竟以哪一说为准？宋何士信《增修笺注妙选草堂诗余》录此词时作“樯橹”，他在注文中引用李白的《赤壁歌送别》“二龙争战决雌雄，赤壁楼船扫地空”，认为李白描绘当时场景作“楼船扫地空”，那么苏轼用“樯橹灰飞烟灭”可说是异曲同工，十分吻合。何士信的这一意见很具代表性，明洪武、嘉靖所刊各本《草堂诗余》，清朱彝尊《词综》等，作“樯橹”的居多。

新中国成立后，高中语文课本中引此词作“狂虏”二字，致使这一历史悬案又一次引起人们的关注。

有的学者从字义上论证，认为“樯”是桅杆，与“橹”都是行船工具。赤壁之战，黄盖烧曹操之船，当时风助火势，“樯橹灰飞烟灭”，显然是顺理成章的事。又有学者从词意上分析，认为这首词是作者面对壮丽江山，神往于历史英雄人物，而抚今追昔，抒发情感，感叹“一时多少豪杰”“浪淘尽千古风流人物”，而不是在作历史批判，因而用“樯橹”二字比较蕴藉而含蓄。又有人引苏轼的另一首《赤壁赋》：“破荆州，下江陵，顺流而东也。舳舻千里，旌旗蔽空，酾酒临江，横槊赋诗，固一世之雄也。”其中对曹操的描写，充满赞叹之词，因而断不至于在《念奴娇》中以“狂虏”目曹，使情感历程产生如此大的落差。最具权威的是，有人出示家传的东坡手书“大江东去”的拓本，虽经兵燹，已有残缺破损，所幸关键处尚完整，正是“樯艣”二字，“艣”与“橹”通，至此，“狂虏”还是“樯橹”一段公案，该可以了结了吧。

不过，仍有《两宋文学史》等著作和一些教材在引用此词时作“强虏”，是将其作为“樯橹”的通假字呢？还是作为“狂虏”的近义词呢？人们又在期待着新的解释。

难以定论的“四大书家”

书法史上论及宋代书法，素有“苏、黄、米、蔡”四大书家的说法。他们四人被认为是宋代书法风格的典型代表。“宋四家”中，前三家分别指苏轼（东坡）、黄庭坚（涪翁）和米芾（襄阳漫士）。从书法风格上看，苏轼丰腴跌宕，天真烂漫；黄庭坚纵横拗崛，昂藏郁拔；米芾俊迈豪放，沉着痛快。他们都善学古人又富于创新精神，书风自成一格，时人推崇备至，列于四家，向无异议。唯独列于四家之末的“蔡”，究竟指谁，却历来就有争议。

一般认为所谓蔡是指蔡襄（君谟），他的书法取法晋唐，讲究古意与法度。其正楷端庄沉着，行书淳淡婉美，草书参用飞白法，谓之“散草”，自成一体，非常精妙。宋仁宗尤爱其书，曾“制元舅陇西王碑文，命书之”，又“令书温成后父碑”(《宋史·蔡襄传》)。蔡襄的书法艺术

黄庭坚

也为当时文人所重视，黄庭坚曾说："苏子美、蔡君谟皆翰墨之豪杰。"(《山谷文集》) 欧阳修说："君谟独步当世，然谦让不肯主盟。"(《欧阳文忠公集》) 苏轼在《东坡题跋》中指出："独蔡君谟天资既高，积学深至，心手相应，变态无穷，遂为本朝第一。"既然是"本朝第一"，既然其书法已可"主盟"，那么，列于四家应是当之无愧的。然而，明清以来，又有另一种说法，认为从四家的排列次序及书风的时代特色来说，"蔡"原本是指蔡京，只是后人厌恶其为人，才以蔡襄取代了他。明书画鉴赏家张丑在《清河书画舫》中说："宋人书例称苏、黄、米、蔡者，谓京也。后人恶其为人，乃斥去之而进君谟书焉。君谟在苏、黄前，不应列元章后，其为京无疑矣。京笔法姿媚，非君谟可比也。"明代孙鑛也说："宋四大家其蔡是蔡京，今易以君谟，则前后辈倒置……"(《书画跋跋》) 安世凤《墨林快事》进而替蔡京书名被掩抱不平，说：蔡卞胜于蔡京，

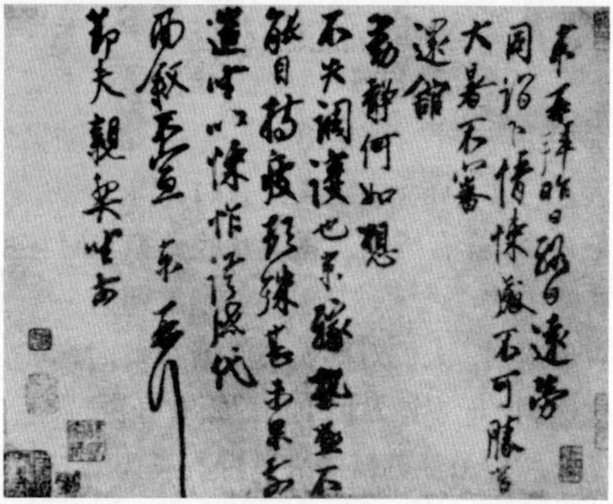

● 蔡京书迹

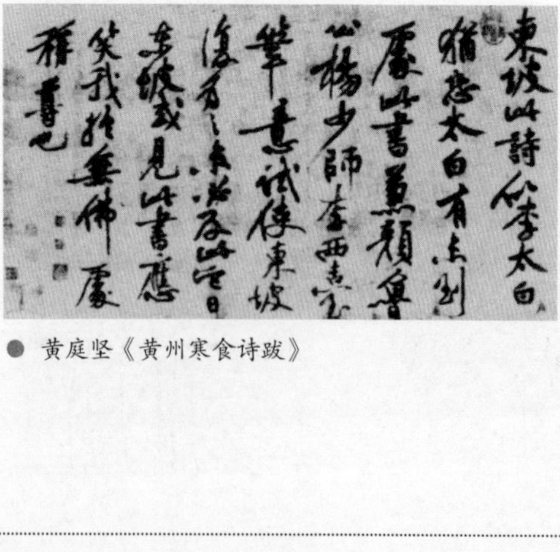

● 黄庭坚《黄州寒食诗跋》

蔡京又胜于蔡襄，“今知有襄而不知有他蔡，名之有幸不幸若此”。清杭世骏《订讹类编续补》也将“苏黄米蔡非蔡襄”，作为“人讹”的一个事例。可见，明清时“蔡京说”曾有很大影响。

平心而论，“蔡京说”的提出确有一定的道理。其一，蔡京的书法艺术有姿媚豪健、痛快沉着的特点，与保持着较多“古法”的蔡襄相比，蔡京的书法似乎更富有新意，也更能体现宋代“尚意”的书法美学情趣，因而在当时已享有盛誉，朝野士庶学其书者甚多。元陶宗仪《书史会要》曾引当时评论者的话说：“其字严而不拘，逸而不外规矩，正书如冠剑大人，议于庙堂之上；行书如贵胄公子，意气赫奕，光彩射人；大字冠绝古今，鲜有俦匹。”甚能反映蔡京当时在书法艺术上的地位。其二，蔡襄的书法在北宋前期被推为“本朝第一”，但自北宋中期宋代书法新风貌形成后，人们对蔡襄书法渐有微词。苏东坡在《东坡题跋》中，就多次提到“近岁论君谟书者，颇有异论”，“仆以君谟为当世第一，而论者或不然”。虽然苏轼始终坚持蔡襄为第一的看法，但至少在北宋中后期，人们对蔡襄的评价已不那么一致了。其三，从排列次序看，苏、黄、米三家的排列有明显的年辈次序，蔡襄是仁宗时人，年辈最高，列于哲宗、徽宗时的米芾之后，确有些疑问。

对此，坚持“蔡襄说”者提出反驳，认为“宋四家”之说，虽然迄今未见于宋人文献，但南宋遗民、元朝人王存，已明确提出过“四家”之说。他在《跋蔡襄洮河石砚铭》墨迹中称蔡襄书法“笔力疏纵，自为一体，当时位置为四家。窃尝评之，东坡浑灏流转神色最壮，涪翁瘦硬通神，襄阳纵横变化，然皆须从放笔为佳。若君谟作，以视拘牵绳尺者，虽亦自纵，而以视三家，则中正不倚矣”。可见王存不仅指出当时有四家之说，而且四家明确无误是苏、黄、米、蔡（襄）。此外，在书法史上，蔡襄的书法成就以全面著称，楷、行、草书皆独树一帜，且又有屏弃帖学、振兴书风的贡献，因此，从总体上看，其成就显然是超过蔡京的。至于排列次序，近人张伯驹曾在《宋四家书》一文中指出，“按次序应是蔡、苏、米、黄，普遍读为苏、黄、米、蔡，以阴阳平上去顺口，遂成习惯”。说明这一排列仅为读音上的顺口而形成，与四大家的年辈高下并无关系。

看来，“蔡京说”并非无稽之谈，而“蔡襄说”也有理有据。由于蔡京身为“六贼”之一，人们从感情上实难接受他，于是人们多倾向于蔡襄说。不过，这一问题的最后定论，似乎应有待于宋代文献的考证确认。

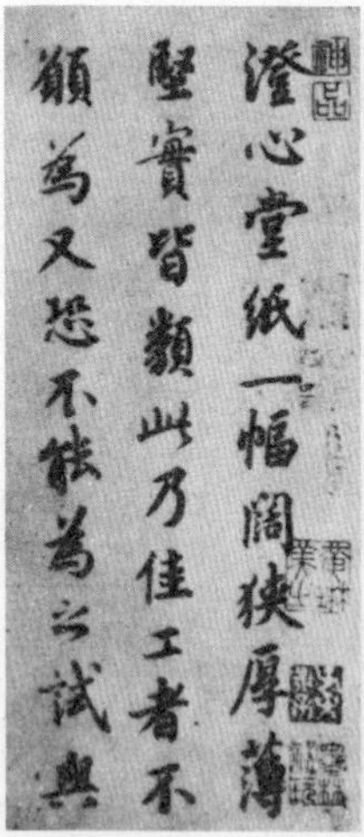

蔡襄尺牍

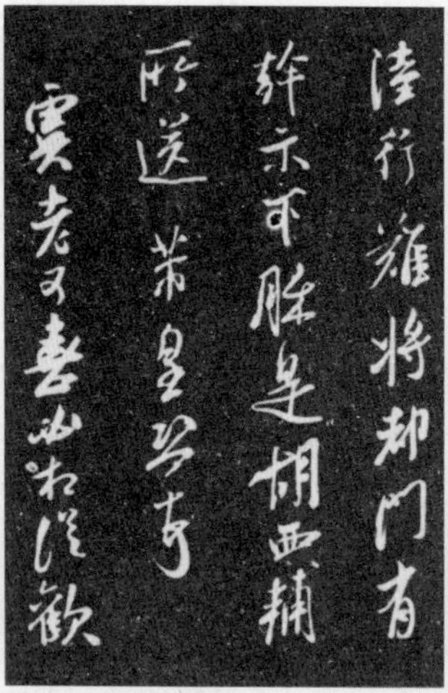

米芾《真酥帖》

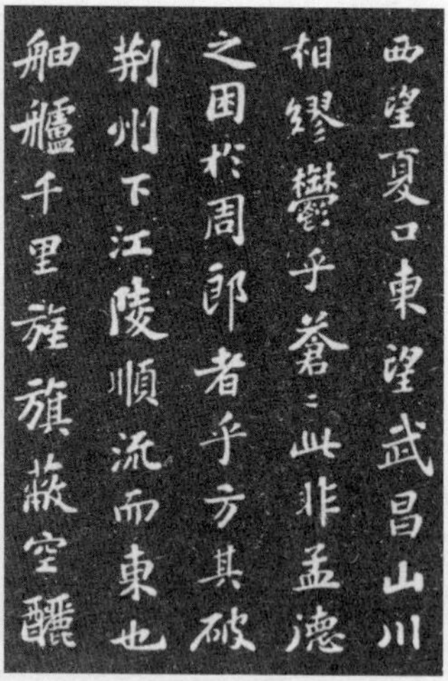

苏轼《赤壁赋》

米芾是否汉族人

米芾（1051—1107）是北宋著名的书画家、鉴赏家。他初名黻，字元章。宋徽宗时被召为书画学博士，官至礼部员外郎，人称“米南宫”。米芾擅长书法、绘画，他的行、草书博取前人所长，用笔俊迈豪放，有“风樯阵马，沉着痛快”之评，在书法史上被列为“宋四家”之一。画山水出自董源，天真发露，不求工细，多用水墨点染，他与他的儿子米友仁所开创的横点积叠的写意画法，在绘画史上被人称作“米点山水”“米氏云山”。米芾又精于鉴别、赏评，好收藏书画名迹，著有《书史》《画史》《宝章待访录》等。米芾的杰出艺术成就以及他在文化史上的重要地位是世人公认的，然而他究竟是哪个民族的人，人们的看法并不一致。据蔡肇《故宋礼部员外郎米海岳先生墓志铭》、邓椿《画继》等宋代文献记载，米芾世居太原（今属山西），后迁往襄阳（今属湖北），最后定居润州（治今江苏镇江）；宋初勋臣米信是他的五世祖。元代所修的《宋史》，因米芾长期居住在润州，而称他为“吴人也”。但又有人根据米芾生平的种种迹象，指出他应是西域人，唯因缺乏其祖籍的有关资料，证据不足，这一意见未能得到大多数人的认可。因而后世的书画史著作及现今的各类工具书，大都沿袭了宋代以来的传统说法。即便如此，米芾是否汉族人终究是米芾生平的一大疑问。

近年来又有学者提出这个问题，他们进行了深入的研究，重证米芾是胡人后裔，其主要理由有下述七条。其一，自汉至唐的姓氏书中都没有米姓，这说明唐代中叶以前，汉族中没有这个姓氏，其后偶然有，如米和、米遂，都是西域胡人。直至宋代郑樵《姓氏略》才指出："西域有米国，后人以国为姓。"据此可见，中原地区的米姓人系西域米国胡人。其二，史书记载米芾死前曾举佛示众，说"众香国中来，众香国中去"，合掌而逝。他所说的众香国即西域崇佛之国。其三，米芾的印章有百枚之多，其中有"火正后人芾印"，这是对他本人及先人宗教信仰的揭示。包括米国在内的昭武九姓，在唐初皆信奉火祆教，米芾借中国古代官名火正意在隐喻其为信火神的后人。其四，米芾不同寻常的洁癖常为人笑谈，他任太常博士时，曾因洗去祭服上的藻火纹样而被罢黜，又曾因好洁而不惜舍弃心爱之物。甚至择婿时，见建康人段拂字去尘，遂称："既拂矣，又去尘，真吾婿也！"从而把自己的女儿嫁给了段拂。而好洁正是火祆教及米国的传统习惯。其五，米芾埋葬亲人的礼俗不同于汉人。汉族卿大夫的墓葬都有坟有树有墓碑，而米芾葬其亲人却三者皆无，这与火祆教"收骸骨埋殡，无棺椁"的葬俗正相类似。其六，史传记载米芾冠服仿效唐人，所至人聚而观之。唐人服饰很多是效胡人的，米芾服饰在宋代能引起人们围观，只能说明他在衣着上保留着较多异于时人的胡人的习惯。其七，米芾名号虽多，但大多是据居留地而起的，如居襄阳而号襄阳漫士；居润州时筑海岳庵于城东，遂号海岳外史；知淮阳军时又号淮阳外史。这与以祖籍地望为号的惯例不同，因此米芾的这些名号恰恰证明他不是中原任何一个地方的人。上述理由仍不乏推测的成分，但无疑在探明米芾是否是汉族人这个问题上迈进了一步。

王安石故里当何在

王安石（1021—1086）字介甫，号半山，但人们常称他为王临川，这是由于他的原籍是抚州临川（今江西抚州）。关于王安石的籍贯，《宋史·王安石传》《东都事略》等史籍的记载，全是一致的。王安石诞生于临江军（今江西樟树市），久居于江宁（今江苏南京），居住于临川原籍的日子不太多，但在他幼年、少年以及后来游宦各地期间，都曾返回故乡。他写过一首《过山即事》诗，有“盐步庭帏眼欲穿”之句（见于李璧《王荆文公诗笺注》卷三十三），“盐步”即当时抚州郡城的水门“盐步门”，后被称为盐埠岭，王安石祖传的宅第就在这儿。宋徽宗崇宁五年（1106），抚州知州田登在王安石旧宅基地上建了一所祠堂，绘制了一幅王安石的肖

● 王安石（《晚笑堂画传》）

像而岁时奉祀。此后，祠堂屡废屡修，祠堂主持人也一换再换。明朝初年，临川县七十九都上池乡有个叫王孟演的人，是王安石弟弟王安上的后裔，成为祠堂主持人。但到了明朝中叶，又有居住在临川城北的一个名叫王生瑞的人，自称是王安石另一个弟弟王安礼的后裔，是王安石的二十二世侄孙。他依靠权势，把画像占为已有，并成为王安石的奉祠人。清蔡上翔曾亲临临川县调查访问，写就《王荆公年谱考略》。在其中的《题王荆公画像》一文中，蔡上翔谈到在乾隆四十六年（1781），他“得拜公像于东乡友人王交三家，遂录以归”。这个王交三，很可能就是王生瑞的后人。

上述经过都有文献记载，原本并无疑谜可寻，然而在“文化大革命”中，“四人帮”大搞“评法批儒”，把王安石作为法家大肆吹捧，使王安石成为红极一时的历史人物，而他的故里何在，也成为临川与东乡两县地方人士争论不休的问题。“临川说”自有宋代官私史书为证，而“东乡说”也有所据：一、东乡县在今临川县东北，是明代正德七年（1512）“以临川县之孝冈置，析金溪、进贤、余干、安仁四县地益之”而建置的一个县，王安石后裔世代居住的上池乡，正是当时从临川析入东乡的。上池乡是王安石父祖以来的田宅所在地，在宋代属临川县，因而史籍记载王安石是临川人。但随着上池析入东乡，王安石也确确实实应为东乡人了。二、王安石的画像为上池乡王家长期保存，说明这一支王氏后裔乃王安石嫡传。还有人传说，王安石的坟墓在东乡境内的某山上。

对此，宋史专家邓广铭进行了考证，他在《关于王安石的居里和生卒年问题》一文中指出，东乡上池虽有王氏后裔，但只是王安石兄弟的后裔的居地，并不是王安石父祖的田宅所在地。王安石的坟地，根据清人蔡上翔的实地调查，至少在19世纪初还没有从江宁迁回东乡，近世若迁，为什么无案可查？王安石画像的流传，并不能说明上池王氏与王安石旧居的关系。如果说这些辩驳还有推测的成分，那么最强有力的佐证，是王安石自作《大中祥符观新修九曜阁记》。其中写道："临川之城中，东有大丘……吾庐当丘上。北折而东，百步，为祥符观……某少时固尝从长者游而乐之。"这段文字直接告诉我们，王安石的旧宅是在临川县的县城之中，而临川县城，乃两宋抚州州治所在地，从宋迄今，不曾有过移徙。因而，王安石的旧宅不可能从临川县并入东乡县境内。

近年来，对此问题的争论似乎已偃旗息鼓，是王安石已属过时人物了，还是这一问题已彻底解决了？

王安石是否贬《春秋》

儒家五经之一的《春秋》，是我国现存最早的编年体史书。它一事一记，互不连贯，最简的记载仅一个字，反映了早期编年体体例的缺陷。《宋史·王安石传》记载安石“黜《春秋》之书，不使列于学官，至戏目为‘断烂朝报’”。因此，史学史上向有王安石斥《春秋》为断烂朝报之说。

《宋史》的记载并非无中生有，南宋绍兴进士周麟之在《春秋经解》跋中曾记道：“先君传《春秋》于孙先生，尝言王荆公初欲释《春秋》以行于天下，而莘老之书已出，一见而忌之，自知不能复出其右，遂诋圣经而废之，曰‘此断烂朝报也’，不列于学官，不用于贡举云。”周麟之所说的孙先生即孙觉（1028—1090），高邮（今属江苏）人，字莘老。早年与王安石友善，后因反对青苗法被黜。他少学于经学家胡瑗，为胡瑗千余弟子中的佼佼者，著有《春秋经解》。周麟之认为，王安石是妒忌孙觉的书早出，自觉无法超过他，所以才诋毁《春秋》，并利用手中的权力，使之不能列于学官。后世认为王安石废经斥《春秋》的议论，皆本于此。

但是，周麟之的说法有许多不合情理之处：首先，王安石若妒忌孙觉，诋毁他所作的《春秋经解》就足够了，何必冒天下之大不韪去诋毁士大夫奉为经书的《春秋》呢？舍其易而为其难，王安石怎么会去做这种愚者不为之事？其次，《春秋经解》是孙觉的晚年之作，孙比王安石小七八岁，去世又晚于王安石好几年，王安石怎能看到他的晚年作品，又何从妒忌？其三，王、孙二人私交甚好，王安石行新政，将孙觉援以为助；后虽因具体见解不合，但并未反目成仇，王安石谢政归金陵，孙觉前去探望；王安石去世后，孙觉还亲自作诔文祭奠他，这样的交情，怎会有相忌相斥之事？

清朝蔡上翔《王荆公年谱考略》认为：王安石“甚尊信《春秋》，而亦不尽废《传》”。《临川文集》中多处把《春秋》与《诗》《书》并提，并常引述《春秋》大义，安石本人还著有《春秋左氏解》，怎么会贬斥《春秋》呢？至于《春秋》不列于学官，一方面是由于王安石认为：“《春秋三传》既不足信，故于诸经尤为难。”（《答韩求仁书》）这一原因，连王安石的政敌杨时也是承认的，他在《春秋经解》序中说：“熙宁之初，崇儒尊经，训迪多士，以谓三经异同，无所考证，于六经尤为难知，故《春秋》不列于学官，非废而不用也。”正因如此，王安石平日遇到有人向他请教学问，都很乐意回答，唯独问及《春秋》与《易》不答，他认为此二经微言大义，奥衍难解，一旦领会错了，必当谬以千里，因而不敢臆说，这正是王安石治学谨严之处。另一方面，王安石认为：“三经所以造士，《春秋》非所以造士之书也。学者求经，当自近者始，学得《诗》，然后学《书》，然后学《礼》，三者备，《春秋》其通也。”（陆佃《答崔子方书》）既然《春秋》不是学者学经的入门之书，不列于学官也是合情合理的。

那么，“断烂朝报”之说到底有没有呢？有的，但那是有特定含义的。王安石的学生陆佃、龚原都钻研《春秋》，前者著《春秋后传》，后者有《春秋解》，遇到疑难之处讲不通，他们就自以为是阙文。王安石不同意他们的做法，曾笑着说：“阙文若如此之多，则《春秋》乃断烂朝报矣。”意思是批评他们不去刻苦钻研经文的正确涵义，却随意用阙文来自欺欺人。这话实是尊经而不是诋经，是褒奖而决非贬斥。宋人林希逸说：“今人皆以‘断烂朝报’为荆公罪，冤矣。”(《鬳斋续集·学记》)尹焞也叹曰：“介甫未尝废《春秋》，废《春秋》以为断烂朝报，皆后来无忌惮者托介甫之言也。”(同上书引)王应麟、朱彝尊、全祖望等学术大家也都曾有考证，为王安石此“罪”鸣冤叫屈。然而，现代不少学者却仍沿袭旧说，在文章、课堂上一再介绍这一说法。看来，王安石究竟有无贬《春秋》，还有待于进一步论说。

王雱的心智及人品

王雱（1044—1076）字元泽，北宋政治家王安石之子。《宋史·王雱传》记载，他“性敏甚，未冠，已著书数万言”。举治平进士，调旌德尉。神宗时除太子中允、崇政殿说书。受诏撰《诗义》《书义》，擢天章阁待制兼侍讲。书成后迁龙图阁直学士，以病辞官。他的著作多失传，仅《南华真经新传》传世。王雱是王安石的得力助手，王安石变法时，他参与策划，在新法的制定及推行过程中，有着不容忽视的作用。王安石曾题诗曰：“斯文实有寄，天岂偶生才。”以此盛赞王雱的才华。

然而，与王雱同年举进士的王辟之在《渑水燕谈录》中称：“王荆公之子雱，少得心疾。”与王安石同朝的孔平仲，在《孔氏谈苑》中也说王雱“不慧”，甚至说他虽娶妻，却没有正常的家庭生活，王安石怜惜无辜的媳妇，另择人嫁之，王雱也处之泰然，以至于京城有“王太祝生前嫁妇，侯工部死后休妻”的流言。曾从王安石游又与王雱为友的魏泰，在《东轩笔录》中则曰：“王荆公之次子名雱，为太常寺太祝，素有心疾，娶同郡庞氏女为妻，逾年生一子，雱以貌不类己，百计欲杀之，竟以悸死。又与其妻日相斗哄，荆公知其子失心，念其妇无罪，欲离异之，则恐其误被恶声，遂与择婿而嫁之。”这些记载虽与正史所记南辕北辙，可它们的作者都与王安石有这样或那样的关系，其可信性似乎也不容置疑。这就给后人留下一个谜：如果王雱不慧，怎会有卓然自成一家的众多著述？怎会胜任太子中允、崇政殿说书、龙图阁直学士等官职？怎会倡导新法，参与机谋？

近人余嘉锡博采群集，力解此谜。他从《续资治通鉴长编》获悉王雱“先病疡，后病疽，不治而死”的死因，从而证实王雱并非死于“心疾”。又在《宋会要》等史籍中找到王雱曾有一子一女，以及王雱的妻子在政和初（雱死后三十多年）卒于夫家的记载，从而证实王雱的家庭生活正常，不存在生前嫁妇的怪事。再从杜大珪《名臣碑传琬琰集》中得知，王安石有二子曰雱、旁。于是余嘉锡断言：王安石有二子，患心疾者为王旁。雱、旁二字形声相近，后人只知雱而不知旁，校书者、刻书者凡见“旁”者，即妄改为“雱”，以至于张冠李戴，使王雱枉担了近千年“不慧”的虚名。此说颇具说服力，如无更多的史料问世，他的推断似可作此谜唯一的确解了。

常言道“树大招风”。作为王安石的儿子，王雱所受的非议还不止于此。《邵氏闻见录》记载说：王雱心地险恶，凡是王安石所推行的不近人情的措施，都是王雱所教。熙宁二年（1069），王安石设制置三司条例司，为变法的指导机构，任用太子中允程颢为僚属。一天盛暑，王安石正与程颢对坐议事，王雱披散着头发，赤着脚，手中把玩着妇人冠帽走出来，问道：“你们在谈什么？”王安石回答：“因为新法数次受到阻挠，正在与程君商量。”王雱大大咧咧，“箕踞以坐”（一种轻慢的不恭敬的坐姿），说：“砍掉韩琦、富弼的头，新法就可得到

● 程颢（《晚笑堂画传》）

实行了。”程颢正色道：“我正在与参知政事讨论国家大事，子弟不应干预。”王雱才怏怏不乐地退下。邵氏笔下的王雱，无疑是个狂妄自大、不知礼仪的公子哥儿，人们在厌恶他的同时，很自然地会对王安石的家教与王雱的为人产生怀疑。对邵氏这段记录，梁启超认为是书中“最骇人听观者”。他在所著《王安石传》中指出，王雱精研经学，未及弱冠已著书立说，不会是如此痴妄丑恶、无知无识的人。他进一步考证说：王安石在熙宁二年二月为参知政事，四月始行新法，八月以程颢为条例司官，第二年五月程颢即因与王安石意见不合而转外任。此时王雱正由进士授旌德尉，在江南为官，因此王安石与程颢议政时，王雱并不在京。直到熙宁四年王雱才除太子中允、崇政殿说书，然后入京，此时程颢已放外任逾年了。且程颢自熙宁二年八月任京官，次年五月就转外任，其间并无“盛暑”。再则，王雱敢于对年资高于其父的韩琦、富弼大言“斩”，却对仅长于己九岁，又为其父属官的程颢一斥而即去，这于情理也不通。基于上述理由，梁启超认为，《邵氏闻见录》所载王雱逸事是邵氏的伪作，因见反对王安石的人渐占上风，而造此谣言哗众取宠。清代蔡上翔、李绂也都有考证，议邵氏此言之妄。王雱的为人与品行究竟如何，还得拨开北宋的政治迷雾方能看清。

“毕昇”未必是“毕升”

毕昇，在中国历史上是个著名人物，他是中国古代举世闻名的四大发明之一——活字印刷术的首创者。在毕昇所处的宋代，印刷术主要是雕版印刷，虽然刻工技术精良，但雕版费工费时，存放雕版又要占很多地方，这对图书印刷业的发展是个束缚，与当时文化事业的发展也大不适应。就是在这样的形势下，毕昇总结了广大印刷工匠的经验，发明了胶泥活字印刷。

沈括

毕昇把胶泥刻成“薄如钱唇”的单字，用火烧硬。又用一块铁板，上面敷上松脂、蜡和纸灰。再在铁板上放一个铁框，把活字一个一个排进去，排满一框后，放在火上加热，使松脂和蜡稍稍熔化，用平板压一下，冷却后，活字就变得平整而坚固，可以上墨印刷了。印书时，用两块铁板交替使用，进度很快。印刷完毕，再用火把脂蜡熔化，活字就从铁板上脱落，按韵装在专用的木格中，以备下次再用。这一方法，虽然还显得粗糙和简陋，但已具有活字印刷的三个主要环节，即：制作活字、排版和印刷。毕昇以后的几百年，活字印刷有了很大改进，而这基本环节仍然不变。因此，毕昇的发明，是印刷史上的一次革命，对世界文明的发展产生了巨大的影响。多少年来，凡是论及中国古代科技的书籍，几乎无一例外地有他一席之地。

可惜的是，有关毕昇的历史记载实在太少了，我们只是从北宋科学家沈括的《梦溪笔谈》卷十八中，了解到上述情况，还知道他是北宋仁宗庆历年间人。不过，《梦溪笔谈》卷二十中，沈括还记载了另一个毕升："祥符中，方士王捷本黥卒，尝以罪配沙门岛，能作黄金。有老锻工毕升，曾在禁中为捷锻金。升云：'其法为炉灶，使人隔墙鼓鞴，盖不欲人觇其启闭也。'其金，铁为之。初自冶中出，色尚黑，凡百余两为一饼，每饼辐解凿为八片，谓之'鸦觜金'者是也，今人尚有藏者。"可见这位毕升既是铁匠，又是冶金能手，如果还是个印刷高手，那他真是个多才多艺的能工巧匠了。对此，国学大师王国维似乎并无异议，他在《梦溪笔谈手识》中论及活字印刷时说："卷二十云：'祥符中有老锻工毕升，曾在禁中为王捷锻金'云云，即当其人。"以后一些科学史的研究者对此也不置可否。

但是，今人仍有明确表示反对的，理由是：一、"老锻工"毕升生活在宋真宗大中祥符年间，即1008—1016年；而"布衣"毕昇发明活字印刷是在宋仁宗庆历年间，即1041—1048年，两者相距三四十年。很难想象，大中祥符年间已是"老"锻工的毕升能再活三四十年，在至少是耄耋之年甚至是期颐之年时，来发明活字印刷术。二、"昇"与

“升”二字在古代是音同形异的。古人用字严格，尤其是人名用字，一般不会通假。因此结论是:《梦溪笔谈》卷十八记载的毕昇与卷二十记载的毕升不是同一个人。

此“毕昇”到底是否那“毕升”？目前尚没有更多的材料来证明。为了保证历史研究的科学性和慎重起见，我们在论及活字印刷术的时候，就不能轻易写成“毕升”，还是写作“毕昇”为好。

是谁绘制了《禹迹图》

宋代绘刻的《禹迹图》，是我国现存最早的石刻地图之一，原石现在保存在陕西西安的碑林中。此图长宽各三尺四寸二，图中采用计里画方的绘制方法，每方折地百里，横方七十一，竖方七十三，总共五千一百一十方。其中水系、海岸尤接近现今地图的形状。所绘内容十分丰富，行政区名有三百八十个，标注名称的河流近八十条，标名的山脉有七十多座，标名的湖泊有五个。据图中所绘来看，尚保存有部分唐代地名，可推知系根据贾耽《海内华夷图》中《禹贡》九州部分绘制，因而称为《禹迹图》。此图为研究中国地图学史提供了珍贵的资料，其历史价值和科学意义很受后人重视，英国研究中国科学技术史的权威学者李约瑟在其《中国科学技术史》中，即称此图是“当时世界上最杰出的地图，是宋代制图学家的一项最大成就”。然而，由于图中并未标明作者，文献中也没有明确记载，《禹迹图》的绘制者究竟是谁，后世学术界产生了多种推测。

一种较流行的说法，认为绘制者是北宋的沈括。其理由是，沈括长期从事地理学、地图绘制的实践。熙宁九年（1076），沈括在三司使任内曾奉敕编绘《天下州县图》，于元祐二年（1087）完成。此图共包括一大图、十九小图，而《禹迹图》很可能就是其中之一。持这一观点的人推测，元丰三年（1080）沈括在陕西知延州（治今陕西延安），于是便在长安刻下了《禹迹图》，晚年回镇江定居时，又将《禹迹图》的副本交府学保存，并在元符三年（1100）再次刊石，这就是《禹迹图》在长安与镇江有两方石刻的由来。

但也有一种意见不同意上述说法，其理由有六条。一、图名不一致。沈括奉敕绘制的《天下州县图》又名《守令图》，而文献上从未有《守令图》就是《禹迹图》的记载。二、所绘比例不同。沈括所绘之图“二寸折百里”，而《禹迹图》则“每方折百里”。三、图中内容不同。《禹迹图》只有州郡名称，没有县镇名称，而《守令图》则录下了“天下州府军监县镇”的名称。四、取舍不一。《禹迹图》中地名的取舍较混乱，没有一定的标准，早在熙宁时已废去的许多州也被收录进去，而当时存在的郡反而未收。《守令图》取舍标准却十分明确，它是以熙宁九年至元丰三年沈括在职期间所见文件为准。五、绘制水平有所差异。沈括所绘《守令图》十分精确，图分二十四至，以天干地支命名。而《禹迹图》较草率，且未用干支卦名标明行格次序，这与沈括在《梦溪笔谈》中的自叙明显不同。六、沈括知延州时，忙于与西夏的战事，未到长安，任官时也无暇立石，去职后即被打发到随州管制，不可能有时间从容地刊石。即使沈括曾在长安停留，也不会刊石，因为在他知延州的元丰三年至五年间，他所奉敕编绘的地图尚未完成。

此外，还有学者认为，《禹迹图》的绘制可上溯到10世纪末，制图者是《太平寰宇记》的作者乐史。

总之，由于缺乏确凿无疑的证据，这幅中国历史上的珍贵地图，究竟出于何人之手，至今仍是个谜。

万春圩修复谁主持

万春圩是11世纪后半期长江南岸规模最大的圩田，北宋时期隶属于芜湖县（今安徽芜湖）。太宗初年，江南闹水灾，主管官吏护圩不力，致使万春圩堤坝被水冲毁。直至八十余年后的嘉祐六年（1061）才得到修复，使圩内十万多亩土地重新变成良田。修复万春圩决非易事，不仅需要大量人力、物力，而且工程的规划、组织、施工，每一步骤都要精心设计、具体落实，来不得半点疏忽，没有一定的能力与才干，是无法承担这一重任的。这位对江南地区经济发展立下大功的修复者究竟是谁？史学界长期未有定论。

过去，大多数学者认为是沈括负责修复了万春圩。沈括不仅在文学、历史、书画方面成果累累，在自然科学方面也有极高造诣，兴修水利工程亦为其所长。据《梦溪笔谈》记载，沈括曾主管疏浚过海州沭阳县（今属江苏）的沭、沂二水，筑成百渠九堰。从时间上考察。修复万春圩时，沈括正好客居其地，并著有《万春圩图记》。根据这些材料分析，说沈括作为工程负责官员，是顺理成章的，但是，正是《万春圩图记》为此说留下疑点，因为图记中称修圩的是沈括的哥哥、宁国县令沈披，而不是沈括自己。对此，力主“沈括说”的学者指出，嘉祐六年，沈括正好为官临近芜湖的宣州宁国令，“披”“括”字形相近，因传写致误，才将宁国令沈括写成了沈披。总之，无论从沈括的经历还是才能而言，他修复万春圩之说都不会是无根之谈。甚至可以说，负责募集民工，授以方略，完成如此重大水利工程的，非沈括莫属。

20世纪70年代末，邓广铭先生对此提出异议，认为《万春圩图记》中清清楚楚地记载着：嘉祐六年，转运使张颙、判官谢景温屡次召集各方人士讨论修复万春圩事宜，当时的宁国令沈披力排众议，批驳了五种反对意见，力主修复万春圩。他发粟米招募四方饥民，得劳工万余人，并总管五县丁夫，授以方略，亲自主持修复工程。这过程中，沈括一概没有参加，没有理由无端怀疑文中有传写之误，也没有必要为沈括的多种成就锦上添花。尤其是《万春圩图记》的最后一段文字更有说服力："予独悲乎作者之意，尝谓予言，'天下之财不足以相养，岂独野人之忧，在上者所当任也。江南之斥土如万春者数百，襄、汉、青、徐之间人益希，其过江南者不赀。异时有言其可耕者，天下莫之应也。予且使天下信之，故其治万春甚力，其挑众独任，犯患难而不顾者，意岂独万春而已也……'"其中"作者"是指作圩的沈披，第一个"予"是沈括自己，第三个"予"则是告诉沈括自己将"挑众独任，治万春甚力"的"作者"，可见，作《图记》者虽是沈括，但作圩者应是沈披才合情合理。

另有学者对上述二说均持反对意见，认为由宁国县令主持修复芜湖县的万春圩，于理不通。一县之令无力调动八县的民工，这样大规模的工作，必然是超过县级的行政长官才组织得了。因此，修复万春圩的主要负责人，应是当时的转运使张颙与判官谢景温。在《万春圩图记》及张颙的墓志铭、《宋史·谢景温传》中，都有关于两人倡议、策划、督查修复工程的记载。其中张颙出力尤多，曾“移其治于芜湖，比日一自临视”。张、谢二人不仅是修复万春圩的倡议者，也是整个工程的主持人。至于沈披，他是修复理论的立论者和主要施工负责人，但没有主持全过程。而沈括仅是客居此地，充其量曾助其兄沈披一臂之力，参与了修复万春圩的施工而已。

祖州石屋的未解之谜

世界七大奇迹之一的金字塔，是古埃及人的骄傲。如最大的胡夫金字塔，不仅外观宏伟，内部结构复杂，其工艺之精致也令人瞠目：整个塔身全用石块垒起，石块凿磨得非常平整，石缝间连剃须刀片也插不进去。特别是它共用了二百三十万块平均2.5吨重的大石块，这一直是人们感兴趣的谜：以当时的生产力水平，古埃及人是如何将这些庞然大物运上去的？而这一疑问，也同样存在于内蒙古草原的锡拉木伦河之滨。

在今天的巴林左旗南面，原有一座庞大坚固的陵园，这是辽太祖耶律阿保机的陵墓，人称祖陵。祖陵附近还有一座城池，叫祖州城。这里曾经是契丹人的圣地，辽太宗派了大量武士严密监守，除了皇室宗亲和朝廷重臣定期来此祭奠太祖，闲人一概不得入内。如今，这神秘的地方已是一片废墟，人们只能从隐现的残垣中领略其当年的雄浑古朴。但是，祖州城西墙外的一座白色石屋，却仍然引起人们阵阵惊呼和种种疑问。

石屋孤零零地屹立在古城西北五十米开外的一个高阜上，在这里可以俯瞰全城。其周围山岭嵯峨，幽谷深邃，景色十分壮丽。石屋在当地非常有名，有一个村庄的名字就叫“石房子村”。老乡中流传着许多关于“石房子”的故事，充满了传奇色彩。

石屋坐北朝南，是一个平顶建筑，占地约8平方米。构造十分朴拙和简单：六块花岗岩石板，顶部是一整块，东、西、北三墙各一块，正面墙壁由两块石板直立而成，中间留有门窗。

以石屋8平方米的面积，根本不能与金字塔同日而语，但是有一个问题是共同的：这些长方形石板都有一尺来厚，非常沉重，十几个小伙子都休想将其中的任何一块移动一分一毫，这就是石屋的第一个谜，即在那技术很落后的年代，人们是怎样凿出这些巨大平整的石板的？又怎样将它们运到这个制高点上？如何将它们组合成一座坚固的屋子？尤其是屋顶上的石板，体积最大，是其他石板的两倍多，没有先进的起重设备，人们怎样将它放到石墙上？

石屋的第二个谜是：它的作用是什么?《辽史·太宗纪》载：“(太宗)五月壬午朔，幸祖州，谒太祖陵。”像这样拜谒太祖陵的活动，辽朝历代皇帝都进行过。再看石屋之内，有一块与四壁石板大小差不多的石板，被东西横置在北墙前，很像祭祀用的祭坛或祭桌。于是，一部分人认为，石屋就是人们祭奠太祖的“祭堂”，因此它必须在地势独特的高阜之上。

但《辽史·景宗纪》记载：“六月丙辰，以宋王喜隐为西南面招讨使……已亥，喜隐复谋反，囚于祖州。”类似的记载还有好多。于是另一部分人认为，石屋是囚禁皇族叛逆和谋反臣子的“园土”，也就是关特殊人物的牢狱或囚室。再到石屋内部看看：组成石室的每块石板都有齿槽，相互之间嵌接得很紧，每个边角处，原有铁锔加固，窗口上曾安有较粗的铁条，十分符合囚室坚固严密的建筑要求。再加上外面有严密监守的武士，因此，这里应是一座理想的牢狱。

石屋的建造之谜，科学史的专家或许较容易为我们解惑，而石屋的作用，至今还没有更多科学的证据来证实。

护珠塔何以倾而不倒

上海西南风景区的"松郡九峰"中，天马山最大，护珠塔就建在天马山顶。

护珠塔又名宝光塔，始建于北宋元丰元年（1078，一说元丰二年），是一座八角形砖木结构的楼阁式宝塔，共七层，现高 18.82 米。在千姿百态的古塔中，护珠塔本很普通。但塔倾斜而不倒，引起了人们的注意。塔缘何而倾斜？

据记载，清乾隆五十三年（1788），人们在山上点燃的爆竹不慎落到塔顶木结构上，从而引起火灾，宝塔木构件全被烧毁。由于塔心木不存在，塔身失去支撑，开始向东南方向倾斜。还有一说，相传建塔时为了使塔壁坚固挺直，曾用古钱来垫砖缝。于是，唯利是图者偷偷拆砖觅宝，塔底层西北角的砖壁被拆去大半，塔身逐渐向东南倾斜（现塔底确有近三分之一的砖被毁）。据实际测量，塔身倾斜 6 度 51 分 52 秒，中心移位 2.27 米，比著名的意大利比萨斜塔倾斜得还厉害。令人称奇的是，塔在当时没有倒塌，在以后二百余年的数次自然灾害中也没有倒，如 1954 年 12 级台风时，塔下大殿被大风刮倒了，而塔岿然不动；1984 年黄海地震波及上海，护珠塔再次经受住了考验。

护珠塔的倾而不倒成了一个解不开的谜，围绕此谜形成了多种说法。一说是据古代建筑技术特征加以解释的，认为建塔用的黏合剂是糯米汁拌桐油石灰合成的，这种黏合剂黏合的砖，时间愈久，就愈坚固，加之古代造塔技术的精湛，使护珠塔虽然倾斜，塔砖间依然牢牢黏合，浑然一体。一说是据地质构造进行分析的，地质专家发现，护珠塔建造在沉降不均的地基上，其东南方向土质较弱，导致塔在遭受破坏时向东南方向倾斜，可是，浙江一带的东南风恰好与塔的倾斜相抗，形成平衡，这就使塔能迎风挺立。还有人认为塔基的坚固才是塔倾而不倒的根本原因。1984 年，上海文物管理委员会对护珠塔进行维修时发现，埋入地下的塔基确实坚如磐石，保存完好。但这是否为塔倾而不倒的原因，尚有待论证。

天马山护珠塔　谭玉峰摄

护珠塔为何倾而不倒？至今众说纷纭，莫衷一是，日益引起中外学者的注意。

谜一般的西夏王陵

在东经 105°19′26″～106°3′51″，北纬 38°0′49″～39°4′55″之间 50 平方千米的大地上，有着一处神秘的古代建筑群，这就是被誉为“东方金字塔”的中国西夏王陵。这里分布着九座帝王陵墓和二百五十三座王公大臣的陪葬墓，每座王陵的茔域面积大约占地 8～15 万平方米，其中包括八种二十余座各式建筑，如角台、角阙、鹊台、碑亭、

西夏王陵

月城、陵城、门阙、献殿、陵台等。

西夏是一个以党项族为主体的国家政权，曾先后与北宋、辽、南宋、金等鼎足而立，经历了一百九十年的历史。据史书记载，党项族人曾六次大败成吉思汗的征讨大军，成吉思汗因至死未能征服西夏，遗嘱彻底毁灭西夏。于是，蒙古军在诱降了末代西夏皇帝后，不仅杀掉了李姓西夏皇族，还对党项族人施行了屠杀，并捣毁了宫苑陵寝和大量的西夏典籍文物。因此，留给后世的有关西夏历史的文物史料较少。

西夏王陵是1972年6月被修筑小型军用机场的兰州军区某部指战员发现的。当时，几件破碎的陶罐和一些形状非常有规则、上面刻着奇怪的方块字的方砖引起了人们的注意，工程停了下来，开始了抢救性的挖掘。几天后，一个古老的墓室重见天日，巧夺天工的工笔壁画、精美的工艺品、布满文字和花纹的方砖一件一件被发现。从此，西夏王陵就如同沉睡多年又重新得到开放的迷宫，带给人们一个又一个不解之谜。

从西夏王陵中出土的西夏王陵残碑，其分布很不均匀，或一处出土千百块，或一处才见几块，目前已收集到三千三百多块。但是，除了仁宗寿陵的残碑已缀合出一块能读通十六字的西夏篆文碑额外，其余的残碑没有能够拼集出一块完整的碑文来，这就成了历史学家正在锲而不舍地破解着的难题之一。

西夏建陵近千年来，贺兰山曾无数次爆发过山洪，这一直是银川平原人民的心头之患。可奇怪的是，沿贺兰山一线，唯有西夏王陵区这片土地没有遭受山洪的袭击，没有一条山洪沟从帝王陵区和陪葬墓园中穿过，那么，雨季中，陵区的排水问题是怎么解决的呢？

夏秋之交的贺兰山麓天气的变化非常大，刚刚还是碧空如洗，阳光普照，一转眼，山后便会涌出大片大片云团，陵区上空游云滚滚。晴空中，云团投下的大块阴影缓缓扫过整个陵区，但是，人们发现，投向大地的云影总是绕过帝王陵区飘然而去。更为奇特的是，即使有大片云雾笼罩陵区，大地一时昏暗，但阳光穿过云层射向大地的光束，总是投放在帝王陵区中高大的陵台上，在昏暗中折射出异样的光彩。这是偶然的自然现象吗？还是当时王陵的设计者具有高超的天文知识以及精确的绘测技术？

陵区中出土的八九座石像，也始终是人们争论的话题，这些怒目圆睁、獠牙外露、双乳丰腴，却作跪状的石像，有人说是碑座，有人说是柱基，也有人说是祭床。究竟是什么？至今没有一个定论。

陵区中最高大醒目的建筑是一座残高 23 米的夯土堆，状如窝头。仔细观察，其为八角，上有层层残瓦堆砌，多为五层。有学者认定，它在未遭破坏时是一座八角五层的实心密檐塔，即所谓的“陵塔”。但是，塔式建筑为什么会立于陵园之内？其功能、作用如何？“塔陵”为什么要建在陵园的西北端？这些，都没人能够说清楚。

此外，还有人发现，九座王陵的位置，正好组成了一个北斗星座，其他的陪葬墓似乎也是按照各种星象的位置来布置的。这是巧合，还是一个有意识的设计？

……

● 在陵区清理出土的人像石座

好一个令人神往的迷宫，还有多少疑谜在等待人们去破译？人们不能不期待着王陵中可能保存着的西夏文物会给那段历史留下重要的注释和解说。可是，战乱兵燹、风沙剥蚀、人为破坏已使今日的西夏王陵区呈现一片悲凉和凄婉。好在国家对西夏王陵的保护工作十分重视，20世纪末曾拨款一千万元用于王陵的保护，对西夏王陵3号陵墓——很可能是西夏开国君主李元昊之墓的保护性抢救发掘也在有条不紊地全面展开。经多年的清理发掘和精心整治，西夏王陵逐渐露出其独具魅力的真容，许多疑谜正在逐步解开，留给我们的，是对西夏历史的再认识、再研究。

敦煌藏经洞为何被封闭

清光绪二十六年（1900）前后，敦煌莫高窟一个密室的大批经卷、文书、绣画、法器等珍贵文物重见天日，震动了国内外学术界。由此，形成了以研究这些资料为主的专门学问，被称为“敦煌学”。这个密室后来就被称为“藏经洞”。藏经洞里藏有那么多被后世视为宝贝的文物资料，当时为何将它们封闭起来呢？又是在什么时候封闭的呢？关于这一问题，由于未发现直接文字记载，遂成一大历史疑案。多年来，海内外不少学者对此进行探究，发表了许多文章，试图解开这一疑案，集中形成了五种观点。

一是避难说。认为藏经洞之所以被封闭，是因为莫高窟僧人为躲避战乱，将不便携带又不忍丢弃的经籍文书、铜佛法器封藏于密室，并在封墙上画上供养菩萨像，以遮人耳目。至于躲避哪一次战乱，有人认为是躲避西夏的侵袭，洞内所藏文献最晚的一份是宋咸平五年（1002）的，且文献中没有西夏文本，因此藏经洞应该是封闭于西夏人占领敦煌之前。有人认为是为了躲避喀喇汗王朝，这个由突厥族建立的政权是新疆第一个信奉伊斯兰教的王国，所到之处皆毁寺逐僧，敦煌僧侣们感到了威胁，决定封存各寺院的佛经文书及佛教艺术品，并于 1006 年进行了有计划的封存。此外还有躲避成吉思汗西征崇道毁佛说以及元朝末年兵乱说的。

二是废弃说。认为在曹宗寿当政时期（1002—1014），敦煌僧侣已向内地请求配齐了《大藏经》，并向朝廷乞求到一部金银字《大藏经》，还有锦帙包裹、金字题头的《大般若经》。如果是避难，那么这些珍贵的东西理所当然应该珍藏于石室中。但事实上藏经洞内没有整部《大藏经》，所存的多为残卷断篇，并杂有许多抄错的废卷、过时的文书和契约等，还有一些纸绢麻布画及木刻雕像等。这是由于新版本佛经的进入，以及纸张的充足，这批文书、经卷对当时的僧众已完全失去价值了。但是在“崇圣尊经”观念支配下，即使是破烂文书、佛画也仍然是不可亵渎的“神圣废弃物”，因此必须加以收集，予以集中封存。

三是书库改造说。有人认为，大约在公元1000年，折叶式的刊本经卷已从中原传到敦煌，因此敦煌的各寺院就面临着一个改变藏书室的位置以便为折叶式经典使用的问题，这样就得把以前使用起来不方便的卷轴式经典等进行集中处理。由于是佛教圣物，不能随意抛弃，同时也怕有人私拿，于是就以洞窟封存的方式解决，一劳永逸。不过这一说法无法解释为什么要在藏经洞外重修壁画的原因。

四是佛教供养物说。对佛教法物进行集中供养，此种宗教仪式是佛教界常见的现象，是一种极其虔敬的宗教行为。一般寺院都有藏经的地方，而且不止一处。一类是由政府颁赐，或请人或自行抄写，这类佛经主要供僧人讽呗诵读。还有一类是教内外人士祈求福报、追荐亡灵、做功德发愿书写的经卷，主要是用于供在佛前供养。供养经多为小经或单卷，带有个人的随意性，多供养或秘藏在特殊的地方，诸如石龛、石窟等处。藏经洞的经书大多没有系统，卷帙或多或少，大多缺头少尾，符合供养经的特点。经藏的包裹方式，以及堆放的层次关系，都完全符合佛教装藏或供养法物入藏的仪轨。

五是排蕃思想说。即敦煌当地人为了扫荡吐蕃统治的影响而为。藏经洞保存有大量的吐蕃资料，包括极为详细的吐蕃统治敦煌时期的佛教资料。在归义军时期，人们为了消除吐蕃统治时期的影响，也出于对那一段屈辱史的憎恨，因此决定把吐蕃统治时期的资料一并封存。

综合以上诸说，藏经洞封闭时间可分为西夏占领敦煌以前、西夏占领敦煌之后，以及元、明四个时间段。其中元、明之说证据不足，几不成立；前二说论据较丰满，但在封闭时间的年代划分上，仍各有区别。与此相关的避乱、废弃等诸说也仍难归于一统。藏经洞为何而封？何时被封？仍是学术之谜，我们期待真相早日大白。

扑朔迷离的宋江降宋

方腊起义前后，北方爆发了宋江领导的农民起义。起初，宋江仅以三十六人横行齐魏，后在人民的支持下，很快形成浩大的声势。他们采用流动战术，“转略十郡，官军莫敢撄其锋”，对北宋封建统治构成严重威胁。当时知亳州侯蒙上奏说，宋江才气过人，不如赦免他，让他去讨伐方腊以赎罪。以后的事情，据《宋史·张叔夜传》的记载是：宣和三年（1121）二月，起义军向海州（今江苏连云港西南海州镇）进发时，夺得十余条大船，装载货物，作为大本营。海州知府张叔夜侦知这一情况，就招募千名敢死士，预先设伏，又派轻兵引诱起义军上岸作战，乘机“举火焚其舟”，于是“伏兵乘之，擒其副贼，江乃降”。据南宋徐梦莘《三朝北盟会编》的记载，宋江投降后，在童贯的指挥下，镇压方腊起义。《中兴奸邪姓氏录》《林泉野记》也有同样记载，并说他“擒其伪将相，送阙下”。再加上以宋江起义为基本素材的《水浒》的绘声绘色的描写，宋江向宋廷投降，又去镇压方腊起义，便成为一种较普遍的看法。然而，在陕西省府谷县出土的范圭《宋故武功大夫河东第二将折公（可存）墓志铭》曰：折可存曾参与对方腊起义的围剿，童贯大军擒获方腊后，“班师过国门，奉御笔，捕草寇宋江，不逾月继获”。这就是说，方腊起义失败后宋江才被官军捕获，怎有可能去镇压方腊起义呢？史料的歧异，使史学界对宋江的结局无法定论，20世纪70年代中期，更是掀起了一场持续三年之久的有关宋江是否投降的讨论。

一种意见认为，宋江根本没有接受宋廷的招安，“招安”一说从不见于北宋人的记载，而是南宋人的捏造。方勺《泊宅编》记载宣和二年十一月二十九日，方腊起义军攻陷青溪县（今浙江淳安境内），十二月四日又攻陷睦州（治今浙江建德市东北）。三天后，镇守当地的天章阁待制曾孝蕴，便因“京东贼宋江等出入青、齐、单、濮间”，奉旨调防青社。说明至少在此时，宋江尚在京东活动。王称《东都事略·徽宗纪》也说：“宣和三年五月丙申（七日），宋江就擒。”所记史实与《折公（可存）墓志铭》中草寇宋江被捕于国门的时次相接近，因此可以断言，宋江没有向张叔夜投降，没有受宋廷招安，更没有去打方腊。从另一角度看，张叔夜在宋江起义被平定后，所受嘉奖与参与镇压起义的另外两名知州相同，如果他收伏了官军数万莫敢抗的宋江，所得到的决不会止于此。他在以后的《乞致仕札子》中，自叙“知海州折捕剧贼”，并未提到宋江。如果他曾建此大功，怎会不以此自诩呢？

另一种意见认为，要实事求是地对待史料，不可轻易怀疑，乃至否定。《泊宅编》中所记宣和二年十二月宋廷调军防宋江，只能说明此时宋江尚未投降，怎能保证他此后不投降呢？查折可存班师日期是在宣和四年，距《东都事略》记载的宋江被捕日已有一年之久，其间宋江接受招安，继而又镇压方腊起义军完全可能。至于张叔夜招剧贼宋江之事昭昭在人耳目，有案可查，《乞致仕札子》中即使不写明宋江之名，人们自然也会明白，不至于湮没此功。朝廷嘉奖立功官员时，以张叔夜居首，职权、品级也在其他两个知州之上，可见其功绩非同一般。

上述二说针锋相对，各执一端，于是又出现了第三种意见，即北宋有两个宋江，此宋江非那宋江。理由是，《折公（可存）墓志铭》强调的是“草寇宋江”，并未明言是《泊宅编》中记载的那个“剧贼”宋江。一个宋江接受朝廷招安，而另一宋江需以朝廷大将率凯旋之师与之交战一月方得平定，足见其抵抗之顽强。这一降一战，斗志迥异，决非一人所为。再从时间、地点而言，一个宋江已于宣和三年二月在海州降于张叔夜，另一宋江却在一年多之后被折可存获于国门，若为同一人，这一年多时间他到哪儿去了？从历史上看，当时有些农民军，为了更好地鼓动群众，利用宋江的声望，打着宋江的旗号，在河北一带继续活动是完全

● ［清］陈洪绶《水浒叶子·宋江》

有可能的。正如东南地区一些义军本不属于方腊领导，却打着方腊的旗号一样。可以推测，“此宋江”是“那宋江”投降宋廷又镇压了方腊之后，继续在黄河下游活动的另一支农民军的首领。此论在宋江研究中可备一说，只是使得宋江究竟是否降宋这一问题更加扑朔迷离了。

“呼保义”何解

《水浒传》中，梁山泊一百零八条好汉个个都有诨号，待到全书读完，掩卷遐思，人们不禁会为这些诨号之妙拍案叫绝。它们有的表现人物本事，如智多星吴用、神算子蒋敬；有的展示人物形象，如赤发鬼刘唐、青面兽杨志；有的点出人物武艺，如大刀关胜、双枪将董平；有的勾画出人物性格，如拼命三郎石秀、霹雳火秦明；还有的是说明人物身份，如花和尚鲁智深、行者武松等。总的来说，这些诨号都起得十分贴切，与人物特点融为一体。当你读到入云龙公孙胜，你会感受到那种闲云野鹤般的洒脱；读到神行太保戴宗，你会想象他那种一日千里的来去匆匆；读到笑面虎朱富，你会看到笑容可掬下的机智；当然，读到黑旋风李逵，你无法不看到一个性格如火、说干就干的黑大汉……然而，一百零八将的诨号也有让人感到费解的，如名列首位的“呼保义”宋江，就是其中之一。

宋江有两个诨号，一个叫“及时雨”，另一个就是“呼保义”。在《宣和遗事》《癸辛杂识》等史料中，只称“呼保义”，不见“及时雨”。元曲中，或称“呼保义”，或称“及时雨”，颇不一致。《水浒传》里，一直是两者并用，只是口头上提及宋江，多称“及时雨”，而在比较正式的场合，如忠义堂前的绣字大旗上，则赫然绣着“山东呼保义”几个大字，以与“河北玉麒麟”对举。可见，“及时雨”是一般口头的称呼，而“呼保义”才是宋江正式的诨号，运用于正规场合。然而，如果说“及时雨”这个诨号与宋江乐善好施的品行十分吻合，那“呼保义”却是何解呢？

宋朝武官官阶名称中，有一个八品以下的下级官阶：保义郎。“呼保义”中的“保义”二字，一般认为就是保义郎的简称。问题是，为什么要在“保义”之前，加上一个“呼”？

周密的《癸辛杂识》中收录了龚圣与的《宋江三十六人赞》，其中的《宋江赞》说：“不称假王，而呼保义，岂若狂卓，专犯忌讳。”这里，以“保义”与“假王”对称，而“呼”与动词“称”对举，足见此处的“呼”也是动词，是“称为”或“呼为”的意思。那么，呼保义就是“呼为保义郎”的意思了。宋人庄绰在《鸡肋编》中记载了这样一件事：宋徽宗把皇位传给儿子之后，与蔡攸、近侍一起微服乘舟至泗上，兴致勃勃地到市场上去买鱼，沽人称他为“保义”。可见，称呼别人为保义郎在宋代是常有的事，这与当时好称读书人为“学究”、现代人喜欢称人“老板”是一样的，都是对别人的恭维。

在宋代，朝廷还往往用保义郎的空头官衔来笼络人。有时笼络忠义军首领，如《宋会要辑稿》兵二：“靖康元年六月一日敕节文，劝募到乡民丁壮忠义社，各使推择首领，自相团结，若得千人以上，与借授保义郎。”有时又是笼络输财出力的士民，如同上书职官五十五记载：“靖康元年五月十八日，尚书省言：‘昨降诏：天下士民有能推其财谷赢余以佐军兴者，各以名闻，等第推恩……如沂州沂水县民程渥献斗五千石……已与补保义郎。”出力献财，便得保义郎之称号，这是因为当时一般人以有保义郎之衔为荣耀，故而恭维别人为保义郎成为一时的时髦用语。

宋江是被“逼上梁山”的，他念念不忘的是“招安”，他乐意别人称他为保义郎，也喜欢自称保义郎。元杂剧《梁山七虎闹铜台》第五折中宋江自白曰：“安邦护国称保义，替天行道显忠良，一朝圣主招安去，永保华夷万载昌。”虽是出于杂剧，但很能体现宋江的心态。照此分析，宋江用“呼保义”的诨号，不仅不足为奇，还是很顺理成章的了。

方腊起义与《容斋逸史》的真伪

北宋徽宗在位时期，蔡京、童贯、梁师成等“六贼”把持朝政，他们穷奢极欲，加重了对百姓的剥削和压迫。宋徽宗在这伙人的怂恿下，竭天下以自奉，大肆搜刮民间奇花异石，以纲船运入开封，筑造宫殿苑囿，时称“花石纲”。睦州青溪（今浙江淳安境内）一带出产各种花石竹木，受害尤深。穷苦百姓忍无可忍，终于在宣和二年（1120）十月，爆发了方腊领导的农民起义。起义军横扫浙江、皖南和赣东北，声震东南，沉重地打击了北宋王朝的统治。

方腊起义是北宋末年规模最大的农民起义，是史学界的重要研究课题，但由于载籍歧异，致使有关起义的一些细节，存在着不少疑谜。

谜之一，是关于方腊的出身。过去人们根据北宋曾敏行《独醒杂志》记载，认为方腊“家有漆林之饶”，本人担任里胥，因而应属中小地主家庭。但到20世纪70年代中期，却有人根据《桂林方氏宗谱》和《通鉴长编纪事本末》的有关记载，指出方腊曾为桶匠，是里胥方庚家的长工，因此他的出身是雇农。

谜之二，是关于方腊与摩尼教的关系。宋代史籍记载，方腊起义多与妖魔鬼怪联系在一起，如方勺《泊宅编》说他“托左道以惑众”，“唯以鬼神诡秘事相扇訹”。因此，不少学者认为方腊起义与摩尼教有关，方腊很可能就是摩尼教首领。但也有学者指出，根据方腊娶妻生子的家庭和食肉饮酒的习惯，以及其他一些迹象，方腊不可能是摩尼教教徒，所谓妖术，不过是当时农村流行的迷信活动而已。

谜之三，是关于起义口号的读法。一般认为，方腊起义利用《金刚经》经文“是法平等，无有高下”作为口号，表达了农民要求平等的愿望。但又有人引南宋庄绰《鸡肋编》记载，认为摩尼教教徒将此经文读为“是法平等无，有高下”。口号的不同读法，引出了方腊起义究竟是否提过平等要求这一更深层的问题。

谜之四，是关于方腊的结局。有人根据苏州灵岩山《韩忠武王世忠中兴佐命定国元勋之碑》的碑文，认为方腊就擒于韩世忠；有人根据范圭《宋故武功大夫河东第二将折公（可存）墓志铭》，认为是折可存捕获了方腊；也有人根据徐直之《方庚传》，提出是方庚诱捕了方腊；更多人认为宋江在受朝廷招安后，又转而镇压了方腊起义。

上述诸谜，或扑朔迷离，或似是而非，探索多年，终无定论。究其原因，很重要的一点就是作为方腊起义主要史料之一《容斋逸史》的真伪问题，始终未能解决。

《容斋逸史》是宋方勺《青溪寇轨》附载的两则文字，一则记载方腊起义的始缘及其被镇压的经过，另一则记载宋代摩尼教的概况及其与方腊起义的关系。显然，此书若是可靠，上述诸谜基本上都可解开。“容斋”是宋代著名学者洪迈的号，洪迈有《容斋随笔》问世，史料价值颇高。自古以来，人们一直认为《容斋逸史》与《容斋随笔》一样，是洪迈的作品。但到 20 世纪 70 年代，史学界开始有人怀疑它的可靠性。主要疑问是：洪迈为宋代名家，其著作常被人征引，为什么南宋以来却没有史家引述过《容斋逸史》？洪迈历仕五朝，又当过史官，为什么文中有些基本史实都弄不清？如他记到方勺写《泊宅编》时，韩世忠“犹未知名”，而实际上《泊宅编》作于南宋绍兴年间，当时韩世忠已为战功显赫的中兴名将了。总之，从种种迹象看，《容斋逸史》不是洪迈的作品。既然作者都伪，史料的不可靠也就可想而知了。当然，也有不少学者认为，不可随意怀疑史料的真实性，洪迈的其他著作被人引用，但不能因此认为未被引用的著作就是伪作。方勺《泊宅编》有三卷本、十卷本之分，前者作于北宋时，当时韩世忠确实未显，更不能据此认为《容斋逸史》的作者不是洪迈。总之，怀疑《容斋逸史》作者及其史料价值的证据还不够充分，不足以判定此书的真伪。

《容斋逸史》真伪不定，也增加了破译方腊起义诸谜的难度。

此“师师”非那“师师”

北宋末年的名妓李师师之所以留名青史，不只是由于她的色艺双绝，以及她与当时的著名文人周邦彦（1056—1121）、晁冲之等互有诗词相赠，最重要的恐怕是她与宋徽宗及周邦彦之间闹的那段三角恋爱。这件事沸沸扬扬，广为人知，宋人张端义的《贵耳集》、周密的《浩然斋雅谈》以及陈鹄的《耆旧续闻》等都有相似的记载，如《贵耳集》曰：“道君幸李师师家，偶周邦彦先在焉，知道君至，遂匿于床下。道君自携新枨一颗，云江南初进来，遂与师师谑语，邦彦悉闻之，隐括成《少年游》……师师因歌此词，道君问谁作，李师师奏云：‘周邦彦词。’道君大怒，坐朝宣

宋徽宗和李师师（《水浒全传插图》）

谕蔡京云：‘开封府有监税周邦彦者，闻课额不登，如何京尹不按发来？’蔡京罔知所以，奏云：‘容臣退朝呼京尹叩问，续得复奏。’京尹至，蔡以御前圣旨谕之，京尹云：‘惟周邦彦课额增羡。’蔡云：‘上意如此，只得迁就。’”于是，周邦彦就以职事废弛为由，被押出国门。“隔一二日，道君复幸李师师家，不见李师师，问其家，知送周监税。道君方以邦彦出国门为喜，既至不遇，坐久至更初，李始归，愁眉泪睫，憔悴可掬。道君大怒，云：‘尔去那里去？’李奏：‘臣妾万死。知周邦彦得罪，押出国门，略致一杯相别，不知官家来。’道君问：‘曾有词否？’李奏云：‘有兰陵王词今柳阴直者是也。’道君云：‘唱一遍看。’李奏云：‘容臣妾奉一杯歌此词，为官家寿。’曲终，道君大喜，复召为大晟乐正，后官至大晟乐乐府待制。”

由于《贵耳集》《浩然斋雅谈》等都是较有影响的笔记，因此长期以来，这段故事为人们深信不疑。直到近代国学大师王国维才系统地对此提出异议，他指出三个疑点：

一、宋徽宗在位的时候（1100—1125），周邦彦已是一个五六十岁的老人了，说他与李师师有私情，并能够在床下呆一晚，这显然是不合情理、也是不可能的。

二、当时周邦彦官至卫尉正卿的高官，不可能兼任开封府监税这种小官，因此，也不可能发生以“课额不登”为由被罢官并驱逐出京师的事情。

三、历史上根本没有《贵耳集》中提到的周邦彦的官职——大晟乐正。

根据以上几个疑点，王国维先生认为著名词人周邦彦和李师师之间，不可能发生什么风流韵事。

罗忼烈先生从另外一个角度怀疑此事的真实性，他考证了李师师的生平，认为：当北宋词人张先（字子野）最早在《师师令》中提及李师师时，称当时李师师只有十五六岁，算起来，她要比周邦彦小六岁，说周邦彦与她有交情是完全可能的。但风流皇帝宋徽宗要比李师师小二十余岁，似乎是不会去"幸"这位"妈妈级"美女的。

如果真如王、罗二先生所考，那这段佳话岂不成了空穴来风？人们也不愿意接受这种简单否定。有人注意到，张先的《师师令》中只提到师师之名而未提其姓，或许宋朝曾有两个师师，一个与周邦彦交好，另一个与宋徽宗有私情。因为都叫师师，后来的文人骚客不辨究竟，混为一谈，酿成了一出"忘年"的三角恋爱。

此论早在清朝就有人提出，吴衡照在《莲子居词话》中说："张子野《师师令》相传为赠李师师作，按子野……熙宁十年（1077），年八十九卒（实为元丰元年即1078年卒），……距政和（1111—1118）、重和（1118—1119）、宣和（1119—1125）年间又三十余年，是子野已不及见师师，何由而为是言乎？调名《师师令》，非因李师师也。好事者率意附会，并忘子野年几何矣，岂不疏与。"丁绍仪在《听秋声馆词话》中说："子野系仁宗时人……去徽宗时甚远，岂宋有两师师焉？"当代词家夏承焘先生也倾向于有两个师师的说法，他认为子野不及下见宣和师师，同样，秦观、晏几道等人词咏的师师，都不是宣和师师。也就是说，张先词中的师师，就是与秦观等文人交往的师师，而二十余年后的宣和年间，又有另一个李师师成为宋徽宗的宠姬。

尽管如此，多数人仍然愿意相信《贵耳集》等史籍中记载的轶闻，也许是因为这样的李师师才更具魅力，能显出名妓风采。然而，上述的种种疑问和矛盾又确实存在。看来，只有等待更多的史料被发掘，才能解决这“师师之谜”了。

难以断言——李师师的归宿

李师师是北宋末年色艺双绝的名妓，她慷慨有侠名，号为“飞将军”。她的事迹在笔记野史、小说评话中多有记述。张端义《贵耳集》、张邦基《墨庄漫录》中，说李师师曾与著名文人周邦彦、晁冲之有来往，并互有诗词相赠，于是成为北宋后期的一段风流韵事。宋徽宗在位期间，自政和年间（1111—1118）以后，也常微行出游，由数名内臣导从，乘小轿子前往李师师家。相传聚众梁山泊起义的宋江，打算归顺朝廷时，想利用李师师与徽宗的关系，也偷偷进入汴京访李师师。由于李师师深得徽宗宠信，后来徽宗索性把她召入内宫，册封为瀛国夫人或李明妃。宣和七年十二月（1126年1月），徽宗因金军进逼，将皇位禅让给太子钦宗。李师师失去靠山，为了免祸，曾汇集徽宗赏赐的钱财，献给官府，以助河北军饷，并自乞为女道士。靖康元年（1126），钦宗下令籍没李师师家。不久，汴京沦陷，北宋灭亡。经过这次变故，李师师不仅家产殆尽，而且她本人的下落也变得众说纷纭、扑朔迷离了。

综观历代记述，有关李师师的下落，大致有三种说法。一种说法，以传奇小说《李师师外传》为代表。小说称金军破汴京后，主帅挞懒点名索取李师师，声称金国主也闻知李师师的名声，一定要活着得到她。张邦昌等人探得李师师的踪迹，将她献于金营。李师师怒斥张邦昌，脱下金簪刺喉自杀，未死，又折金簪吞下，才气绝身亡。后世的通俗小说多沿袭这一说法。但小说的作者主要是借人借事来抒发亡国的感慨，恐怕没有什么事实依据，因而学者多对此说持有异议。

● 宋徽宗和李师师（明容与堂刻《水浒传图》）

另一种说法，以张邦基《墨庄漫录》为代表，书中称李师师被籍没家产以后，流落于江浙一带，当地的士大夫犹邀请她歌唱，但李师师已“憔悴无复向来之态矣”。宋代评话《宣和遗事》也有类似记述，但又说她“后流落湖湘间（今湖南一带），为商人所得”。而宋刘子翚《汴京纪事》诗，也有“辇毂繁华事可伤，师师垂老过湖湘。镂金檀板无颜色，一曲当年动帝王”的诗句。其后，明梅鼎祚《青泥莲花记》，称其流落于湖湘，清初陈忱《水浒后传》称其流落于临安，可能都是沿袭上述说法而来。

还有一种说法，称李师师在汴京失陷以后被俘虏北上，被迫嫁给一个病残的老军士为妻，最后凄凉悲惨地死去。

据情理分析，似乎以第二种说法较为可信。汴京失陷前，李师师已废为庶人，当了女道士，说她匿于民间，流落于江浙、湖湘一带是很有可能的。而金军是根据当时降臣提供的名单索取皇宫妃嫔的，李师师不太可能在名单之内，因而说她被点名索取或被掳北上，很难成立。当然，李师师是个富有传奇色彩的女子，有关她的传闻，不免有许多臆测和讹传的成分，因而她的归宿究竟如何，恐怕是永远难解的一个谜了。

谁违背了“海上之盟”

北宋宣和二年（1120），宋徽宗遣使者赵良嗣与金朝皇帝完颜阿骨打签订了共同出兵攻辽的盟约，双方约定：金兵攻取辽中京（在今内蒙古宁城县西大明城），宋兵攻取燕京（即辽之南京，今北京），彼此兵不得过关；灭辽后，宋得燕云之地，以原献纳于辽的岁币献纳于金。这就是著名的“海上之盟”。

不久，金进兵攻辽，在强劲攻势下，辽分崩败亡之势已趋明显。而宋犹疑徘徊，仓猝出兵，两次进攻燕京都被辽军击败，本应由宋军攻占的地区，在童贯邀请金军夹击的情况下，被金军占领。

在履行“海上之盟”的问题上，长期以来，人们都认为是金违约，只将燕京及顺、檀、涿、易、蓟、景六州划归宋朝，却不将云州一带土地以及平、营、滦三州归还，与条约所定“还燕云之地”不符。另外，还额外索要“燕京代税钱”百万贯，而且将燕京的财物、百姓席卷而去，留下一座“城市邱墟，狐狸穴处”的空城，由宋朝接受。

随着研究的深入，有学者认为：一、宋金订约时，始终未许归还平、营、滦三州，并议定燕地的汉人归宋，契丹、奚、渤海人属金。因此，金军入燕后，只归还燕京及六州，是履行条约的行为。二、双方曾约定共同出兵夹击辽，如不能如约行动，则“不能依已许为定”。而盟约签订后，宋徽宗渐生悔意，怕辽朝报复，仍犹疑不决，意欲罢约，结果未如期出兵，金人当然难依已许之约。几经交涉，总算归还燕地，但要求一定的回报，即“燕京代税钱”，这是对金人额外支付（如助攻燕京）的补偿，也是对宋朝违约的惩罚。三、金人留下空城的问题，也不见得是金贪婪、横行的结果，当时宋朝很重视被誉为“常胜军”的郭药师的部队，要求他驻守燕京，保卫北部边境。为了进一步笼络他，使他的军队能够占有燕地的大量良田，主动要求金人迁走燕地之民。四、有史料证明，宋金盟约之始，完颜阿骨打就十分注意不失信。如赵良嗣在宣和二年与金人面约后返回途中，突然被追回。阿骨打对他说，本已约定夹攻日期，但国内突然发生牛疫，怕影响如期出兵而失信于贵国，故将使者追回重议日期。燕云之战后，金军主要统帅见宋军腐败，将帅无能，提出停止执行协议，而阿骨打坚持履约，并说我死了以后，你们也要“如约交割”，才使交接燕京的协议得以执行。凡此种种，都可证明在这次宋金交往中，恰恰是金人有与宋建立良好关系的愿望，照约办事。宋则从侥幸取胜的心理出发，左右摇摆，做出违背盟约之事。至于以后金太宗向宋发动进攻，已是“海上之盟”以外的事了。

但是，此说为金朝辩护虽不为无据，然于金国尽掠燕京人口、唯留空城则难以为辩。因为，依约汉人归宋，契丹、奚、渤海人归金，而史书记载说：“燕之职官、富民、金帛、子女皆为金人尽掠而去，惟存空城而已。”显然金朝不辨汉胡，尽数掠去，怎得谓为“守约”？盖当时宋弱而金强，宋既弱矣又欲逞强，累为天下笑、为汉人所扼腕叹愤，在此情势下金宋之间有何信义可言？若必证明理在金朝，无非证明宋朝之无能而已。

“海上之盟”违约在谁？虽可两说之，但还可继续探索。

柔福帝姬的真伪

一般来说，皇帝的女儿被称为公主。北宋政和三年（1113）因蔡京建议，宋廷仿照周代的“王姬”称号，宣布一律称“公主”为“帝姬”。这一制度维持了十多年，直到南宋初才恢复旧制。柔福帝姬，就是宋徽宗三十四个女儿中的一位，她在靖康二年（1127）与徽宗、钦宗及赵氏宗室一起，被掳归金朝，成为离乡背井的亡国奴。

南宋高宗建炎四年（1130），有一女子来到宫廷，自称是柔福帝姬，从北方逃归。高宗命老宫女察验，觉得这女子相貌确实很像柔福帝姬，用宫中旧事盘问她，也能够答出八九不离十，唯一值得怀疑的是这女子的一双大脚，如何想象金枝玉叶的公主会生就一双天足呢？面对一双双怀疑的眼睛，那女子毫不惊慌，不胜悲苦地解释说：“金人驱逐如牛羊，曾赤脚步行万里路，怎能保持原样？”宋高宗觉得言之有理，尤其是听到这女子能够直呼其小字，便不再怀疑，下诏让她入宫，授予福国长公主的称号，又为她选择永州防御使高世荣为驸马，赐予嫁妆一万八千缗。此后，高宗对她宠渥有加，先后赏赐达四十七万九千缗。

绍兴十二年（1142），高宗生母显仁太后从北方归来，见到高宗，悲喜交加，拉着高宗衣袖垂泣不已。突然，她停止哭泣，急急告诉高宗说："金人都在笑话你呢！说你错买了颜子，柔福早已死了。"（当年京师有颜家巷，制作的各类器物都以次充好、以假充真，极不坚实，因此时人称冒牌货为"颜子"。）高宗闻言大惊，立即下令将柔福系狱审讯，才真相大白：原来这女子是个女巫（或说是女尼），曾经遇到一个宫女，那宫女说她容貌与柔福帝姬十分相像，又告诉她许多宫中琐事，于是她就冒名顶替，享受了十多年荣华富贵，使南宋王朝成为笑柄。轰动一时的真假公主案，以柔福被杀告终，最可怜的是那驸马高世荣，人们嘲笑他说："向来都尉，恰如弥勒降生时；此去人间，又到如来吃粥处。"

然而，柔福虽然被诛，民间却流言纷纷，为她抱屈者大有人在。《四朝闻见录》《随园随笔》等笔记，都记载了这样一种说法：柔福帝姬实为真公主，显仁太后在北方多年，有许多不愿为国人知道的隐事，见柔福逃归，怕她泄露，因而强指为伪，亟命诛杀。高宗因奉母命，也容不得柔福辩解，最终令她死于非命。这一说法虽然流传甚广，可惜没有真凭实据，又死无对证，于是柔福帝姬的真伪，成了真正的千古之谜。

岳飞请立资宗的真相

靖康二年（1127）的靖康之变，宣告了北宋王朝的灭亡。金军掳走了宋徽宗、宋钦宗及赵氏宗室、大臣三千余人，又策划、建立了以刘豫为帝的伪齐政权，统治黄河以南地区，镇压抗金活动。与此同时，宋徽宗第九个儿子康王赵构重建南宋王朝，形成宋金对峙的局面。没过几年，金国与伪齐的矛盾日益加剧，两河地区的抗金斗争又此起彼伏，金朝就放出风声说，要把宋钦宗的儿子赵谌送回宋都汴京，以就大位。这么做，一方面是威胁伪齐主刘豫，示意随时可能将他废去；一方面也是威胁宋高宗赵构：若不俯首听命，将用钦宗之子来取代他。岳飞请立资宗之事，就发生在这个时候。

有关资宗的解释，本身就是一个悬而未决的谜。有人认为资宗即“跻宗”，“跻”字作“升”字解。钦宗是徽宗长子，在嫡长子继承的宗法制度下，他的后代是皇位的合法继承人。而高宗却是徽宗第九子，因此乞立资宗的意思，是建议把高宗养子建国公，从第九房升到长房，即立为钦宗之子。这样，金朝就没有理由再送个钦宗的后代回来继承皇位了。另一种意见认为，资宗是资善堂宗室的简称。高宗唯一的儿子旉，在建炎三年（1129）的明受之变（即苗刘之变）中丧生，太宗一支的嫡系子孙又都被掳北上，不得已在太祖后裔中选一孩子养在宫中，并立资善堂为其书院。这孩子虽被封为建国公，却并没有明确立为高宗嗣子，因此乞立资宗，是要求正其名分，确立其皇子的地位，表示嗣君已立，以挫败金朝再送嗣君、威胁高宗的阴谋。第三种意见认为，“资”有发祥或源泉的意思，资宗即宗族中统始的这一支。徽、钦二帝及高宗都是太宗的后裔，赵氏的资始之宗是指太祖的子孙。因金朝欲立钦宗之子为傀儡皇帝，使以徽宗第九子身份即位的高宗不自安，故乞立资宗是建议立更为正宗的太祖的子孙，以此“沮虏之谋”。虽然三种说法涉及的资宗是同一人，即高宗养子建国公，但关于资宗

● 宋高宗（《绘图精忠说岳全传》）

的解释，在当时是个极其敏感的问题，它会在高宗心中产生截然不同的反应，还关系到岳飞的死因。因此，史学界曾为此争论了一段时间，至今尚未有定论。

岳飞请立资宗之事，在张戒《默记》中，有薛弼所叙的一段史料：绍兴五年（1135）正月，岳飞入朝觐见高宗时，面奏乞正资宗之名，受到高宗呵斥，吓得面如死灰而退。围绕这一记载，后人产生了许多歧异之说。

其一，岳飞究竟有没有“面奏”？一说认为，张戒《默记》虽已失传，但熊克《中兴小纪》、李心传《建炎以来系年要录》均加以引用，说明宋人也以为这一记载是可靠的。一说引岳珂所编《鄂王行实编年》指出，建储之议是岳飞在鄂州军营写成后密奏，并无面奏之事。既无面奏，高宗当面训诫之语，也是张戒、薛弼捏造的。于是，持前说者又引证秦桧政敌赵鼎的《辩诬笔录》，指出赵鼎与岳飞并无宿怨，但也在书中记载了这件事，而岳珂的书中没有记，只不过是为尊者讳而已。持后说者也引南宋史官章颖之语，说明所谓面奏被斥之事，是秦桧密探嫁罪于人的秋蝉脱壳之计。

其二，岳飞的提议究竟是目无君王，还是体贴圣意？一说高宗乃太宗后裔，但岳飞一心想对付金人阴谋，大胆建议高宗不承认自己父兄的后人（即金朝欲送回的赵谌），而改立太祖之后，实为犯忌。说明岳飞心中只知有国而不知有家，只知民族利益而不考虑帝王尊严。另一种意见认为，岳飞是高宗一手提拔的，对高宗感恩戴德。高宗无子，而金人要立钦宗之子，是对高宗的威胁。如抬出太祖的子孙与之对抗，当可挫败金人的阴谋，不仅对国家有利，也可使高宗稳坐帝位。因此，岳飞此举不仅以国事为重，也是善于体贴高宗的表现。

其三，乞立资宗之事，是否导致岳飞的被害？一部分学者认为，岳飞请立太祖的后人，犯了大忌，加之他一再提出迎回二圣（徽、钦二帝），也触及高宗心病，促使高宗日后诛杀岳飞。另一种意见认为，岳飞从未主张高宗应将皇位交还钦宗或钦宗后人，请立资宗主要是对抗金人之谋，因此根本不会特别触怒高宗。高宗的训诫只是因为他越职言事，否则不会在事后派人去安慰他，又将他连升三官。岳飞的杀身之祸，还是因为他坚持抗金、反对和议而招致的。

资宗究竟是指什么？岳飞请立资宗的真相究竟如何？仍是值得进一步探究的问题。

“黄龙痛饮”之疑

《宋史·岳飞传》中有这样一段记载，在一次率军出征之前，岳飞勉励他的部下们说：“直抵黄龙府，与诸君痛饮尔!”这句话充分显示了岳飞抗击金兵的必胜信念和豪迈的英雄气概，因此，一再为人们所称引。而“直捣黄龙”“黄龙痛饮”，也在后世成为人们鼓舞士气、激励豪情的常用语言。然而，就是这句话，在学术界却引发了颇多疑问。

学者们考证《宋史·岳飞传》中的这段记载，认为这段材料来源于南宋岳珂所编《金佗稡编》中所收入的“忠愍谥议”。有关“黄龙痛饮”的一段是依据黄元振的杂记，其原文是：“诸公识黄龙城乎？其城若此山之高，……他日俟至黄龙城，当大张乐饮酒，……以慰今日之劳。”如果上述记载是真实可靠的，那么根据这句话可以推知：一、岳飞以前曾见到过黄龙城，因而知道此城的高度。二、岳飞确实曾以直捣黄龙、黄龙痛饮作为自己的奋斗目标，并以此来激励他的部下。

但是，有些学者对上述两点是否符合历史事实，提出了疑问。其理由是：一、黄龙府故城在今日吉林省农安县附近，是由辽代建置的，后来金朝将其改名为济州，不过世人仍沿用“黄龙”这一辽代以来的旧称，当时此城是金朝都城会宁府附近的重要军事据点。一般来讲，南宋的臣民如果不是出于外交的身份奉命出使的话，是不可能到达这座地处遥远的东北地区且是军事重镇的城池的。从岳飞的生平行迹来看，他从无出使金朝的机会，而且文献中也从未有岳飞到过女真旧境的记载，因此，岳飞不可能见到过黄龙城。二、查阅岳飞现存的许多文章、札子，未见有关于深入敌军腹地、得知其山川地理的文字，也未见到岳飞有率军直捣黄龙的计划和请求。三、客观地分析南宋初期的军事实力，确实仅足以谋划招架支撑，要想恢复北宋的故疆已无可能，若要收复五代以来就已失落的燕云之地，实在堪称不可能实现的奢望。至于要深入金境，直取黄龙，更是最会唱高调的文人也不敢梦想的。岳飞向部下提出这样一个不可能达到的目标，与其说是在鼓舞

● 岳飞谈兵（《绘图精忠说岳全传》）

士气，倒不如说是在沮丧军心。

这样说来，很可能是文献记载有误，那么问题出在哪里呢？学者们推测，岳飞年少时曾当过韩琦家的庄客，韩琦的曾孙韩肖胄，当时已出仕当官，他曾奉命出使辽朝贺辽主生辰。岳飞时年十六，如果说他曾到过东北，必定是此时作为韩肖胄的随从到过辽都燕山。这样，燕山便是岳飞一生中可能到达过的最北面的城池。据此分析，岳飞想说的城池应该是燕山，而又一时口误说成“庐龙”，后人又错记成“黄龙”，以致以讹传讹，构成历史上的一段疑案。

这一说法从历史、地理两个方面论证，指出文献记载中的破绽，颇合情合理。如果此说能够成立，那么“黄龙痛饮”这句流传了数百年的豪言壮语，便属“子虚乌有”了。不过，推测毕竟是推测，宋代文献是否有误？岳飞究竟有没有说过这句话？在没有找到更为确凿的证据以前，人们仍只能存疑。

“拐子马”是“连环马”吗

熟悉岳飞故事的人都知道，岳飞在绍兴十年（1140）郾城战役中，命步兵持长斧入阵，专斫金军马足，建立了大破“拐子马”的奇功。很长时期内，人们把“拐子马”解释为“穿着铁甲的连环骑兵”，即连环马。这一说法最早见于岳飞之孙岳珂所编的《鄂王行实编年》：“兀朮（完颜宗弼）有劲军，皆重铠，贯以韦索（皮绳），凡三人为联，号拐子马，又号铁浮图，堵墙而进，官军不能当，所至屡胜。”此说既出，官私史书及通俗小说无不沿用，“连环马”成了妇孺皆知的一种作战形式。直至清代乾隆皇帝组织文人，以他的名义编纂《御批通鉴辑览》时，才察觉此说不合情理，于是写了一段“御批”，指出：“北人使马，唯以控纵便捷为主。若三马联络，马力既有参差，势必此前彼却；而三人相连，或勇怯不齐，勇者且为怯者所累，此理之易明者。……况兀朮战阵素娴，……岂肯羁绊己马以受制于人？此或彼时列队齐进，所向披靡，宋人见其势不可当，遂从而妄加之名目耳。”清人对旧说的批驳，可谓切中要害，很有说服力，只是对“拐子马”一词的解释，仍令人不甚了然。

“拐子马”究竟指什么？宋史专家邓广铭所著《有关“拐子马”的诸问题的考释》一文，对此作了详尽的考证，指出：“拐子马”之称，出于当时金军中“河北签军”之口。所谓“河北签军”，是指从河北地区民户中被金强征入伍的汉人，因而“拐子马”一词应是汉族语言而非女真语言，此其一。其二，北宋人的习惯用语中有“拐子”一词，宋人笔记中不仅有“拐子马”，还有“拐子城”“两拐子”等词。所谓“拐子城”，是指城门外用以拱卫城门的两道对立垣壁；所谓“两拐子”，是指左右两翼。因此“东西拐子马”，实即设置在正面大阵两侧的左右翼骑兵。北宋灭亡后，这一北宋人的语词，仅保存在中原与

● 岳飞布阵（《绘图精忠说岳全传》）

华北地区居民的口语中，未被南渡的军民带往南方。故南宋中后期人茫然不知其为何物，望文生义，才杜撰了“凡三人为联，……一马偾，二马皆不能行”的解释。

岳飞首破“拐子马”的说法，也出自《鄂王行实编年》。岳珂认为，自金人起兵以来，凡用拐子马即战无不胜，至岳飞才识破其弱点，大破其阵，“拐子马由是遂废”。但此说并不符合历史事实。郾城战役之前的大仪镇之战和顺昌城战役，岳飞并未参加，宋军都采用了斫“拐子马”马足的战术。郾城之战之后二十余年，史籍中仍有金兵使用“拐子马”的记载。从道理上说，在较大规模的战役中，断无只设正面大阵而不配置左右两翼的可能。“拐子马”既是左右两翼骑兵，只要采用骑兵战就无不设之理。因此，破“拐子马”是岳飞创举之说，只是岳珂为其祖增辉的臆想而已。

至此，历来对“拐子马”的种种附会和误解，是否可以说已得到澄清了呢？

“十二道金牌”的疑惑

南宋高宗绍兴十一年（1141）七月，岳飞率领的抗金大军取得了郾城大捷，前锋已抵朱仙镇。扫荡金人、收复中原已势如破竹，南宋抗金战场面临从未有过的大好时机。岳家军正准备直捣黄龙府，完成精忠报国的夙愿，宋高宗却一连发出十二道金牌，不容争辩地立召岳飞班师。岳飞万分痛心，无奈之中喟叹“十年之功，废于一旦”，违心地班师，使抗金大业付诸东流。

小小的金牌，威力无比，因为它是直接代表皇帝旨意的信物。人们以为，帝王之用，非金即玉，金牌当为黄金制造，至少也应有黄金作饰物。清代俞正燮《癸巳存稿》中，就有“截金为牌”之语，现代的一些书籍也是如此介绍。金牌到底是不是以金制作的呢？有学者引沈括《梦溪笔谈》的记载，认为金牌是宋代邮驿与牌符制度的一种形式。宋代驿传分步递、马递、急脚递三等，其中以急脚递速度最快，日行四百里，一般用于军事活动。宋神宗熙宁年间（1068—1077）增设了“金字牌急脚递”，如同古代的“羽檄”（汉代以木简为书，长一尺二寸，称为檄，用于征召。有急事时，即插上羽毛，以表示十万火急）。金字牌是用木牌涂上红漆，写上金黄色的字，十分耀眼，传递时“过如飞电，望之者无不避路”。它的速度是日行五百多里，遇到紧急的机密军务，由皇帝亲自发出，三省枢密院也不得预闻。此外，《宋史·岳飞传》《大宋宣和遗事》《建炎以来系年要录》等史籍中，记载的都是“金字牌”而不是“金牌”。由此看来，金牌只是朱漆、金字的木牌而已，并非人们想象中的具有帝王之尊的“黄金牌”。

有关十二道金牌的又一个疑问是：岳飞生前所收到的诏命御札，都收录进岳珂所编的《金佗稡编》中，为何唯独不见这十二道金牌的内容？其次，临安到郾城大约有二千里，金字牌日行五百多里，也需要四天才能赶到。第一道命令发出，尚不见反应，何以接二连三，以至于十二道之多？历史上是否真有过十二道金牌急召岳飞这回事？

让岳飞饮恨悲叹、壮志难酬的十二道金牌，难道真是小说家的杜撰？

朱仙镇之捷（《绘图精忠说岳全传》）

谁是杀害岳飞的元凶

在无数中国人的心目中，岳飞是位令人敬仰的抗金英雄，而秦桧是奸臣，是杀害岳飞的元凶。但长期以来，不断有人对秦桧是杀岳元凶这一结论，提出异议。

毫无疑问，秦桧对岳飞之死有不可推卸的责任，但细加思索，人们不禁要问，秦桧当时的权势达到什么程度？是否已经能够“挟虏势以要君”，玩弄高宗于股掌之上？有人指出，秦桧虽极受高宗宠信，但尚不能任意摆布高宗，铲锄异己。绍兴九年（1139），秦桧正积极对金议和，枢密院编修官胡铨上疏反对，并要求“斩秦桧之头挂诸街衢”，秦桧恨之入骨，却也未敢任意杀害他，说明秦桧尚不能背着高宗，随意处置大臣。对胡铨尚且如此，又怎能擅自处置有赫赫战功的岳飞呢？第二年，金兵破坏宋金和议，再度攻占河南地区，竭力主和的秦桧惶惶不可终日，惟恐高宗因金人的背信弃义而迁怒于自己的议和政策，直到探知高宗的和议态度未变，才安下心来。这说明秦桧本人也担心地位不稳，他的惶恐不安，正是地位不稳的表现。既然如此，就很难断言秦桧有背着高宗杀害岳飞的魄力。值得注意的是，岳飞的狱案，当时被称作“诏狱”。宋代的诏狱，是由制勘院“承诏置推”，然后“公开榜示”，从发出指示到最后榜示，都有一套司法程序，秦桧无法作用于其间。显然，在这种情况下，秦桧的权势再大，也是无法公开“矫诏”杀害大将的。

权势在一人之下、万人之上的秦桧，不能任意杀害岳飞，那么，谁是杀害岳飞的元凶呢？

岳飞死后，有悼诗曰：“自古忠臣帝主疑，全忠全义不全尸。”已把岳飞被害的责任，归于帝王的多疑，指出杀害岳飞的罪魁祸首，是权在秦桧之上的宋高宗。后世学者也指出，宋太祖有不杀大臣的誓约，因此宋代向有优礼大臣的传统，历代君王一般尚能遵守祖训。岳飞位至枢密副使，是国之大臣，最后赐死于大理寺，没有高宗的允许，别人是不敢有违祖宗圣训、滥开杀戒的。秦桧死后，高宗曾为许多人平反，不少大臣上疏，要求为岳飞恢复名誉，但高宗都不予理会，此中亦可见高宗对岳飞被杀一事的态度。

岳飞自总发从军，立志尽忠报国，二十多年无年不战，无月不征，所建功业，为当时诸将之冠，高宗也一向视他为军事支柱，为什么要做这种自毁长城的事呢？人们认为主要原因有三，其一是岳飞一心想“迎回二圣”，即收复被金占领的土地，迎回被金兵掳去的徽、钦二宗。然而，正由于徽、钦二宗被掳，才使高宗得以登上皇帝的宝座，岳飞的打算，欲置高宗于何地？岂不是让他当不成皇帝？这是一个无法公开的理由，但足以让高宗对岳飞恨之入骨，以至于动了杀心。其二，防范武将一直是赵宋王朝恪守的家法，功高权重的武官，往往被看成是对皇权潜在的威胁。岳飞个性强，自认为对国家有利的事即我行我素。如绍兴七年，岳飞闻金人欲立钦宗之子于汴京，即上疏请皇子出阁以定人心，本出于一片忠心，却被误认为有异志，薛弼就说："鹏（举）为大将，而越职及此，取死宜哉！"（《建炎以来系年要录》卷一〇九）绍兴十一年，岳飞倡言放弃山阳，也使高宗恼火："飞意在附下以要誉，故其言如此，朕何赖焉？"（同上书卷一四一）这些事都使高宗觉得岳飞自恃掌兵权，已构成对自己的威胁，不杀一不能儆百，故下决心收兵权，除去立下汗马功劳的岳飞。其三，虽然无能的高宗奉行投降主义，对金称臣、割地、献岁币，实在不能再屈己

● 秦桧设计陷忠良（《绘图精忠说岳全传》）

了，但这样屈辱的和议，也有许多暗中的交换条件。如秦桧独相十八年，虽然干尽坏事，但高宗始终重用他，这是因为遵照金人“不得辄易大臣”的条件。据说，兀朮有“必杀岳飞而后可和”之言，为了表明求和的诚意，高宗只有除掉岳飞这一障碍了。除上述三点以外，另有一种解释颇具新意：高宗在其子赵旉死后，感到处境悲凉，特别思念被金人掳去的生母韦太后，曾向金人表示，只要让太后回归，什么条件均可答应。金人利用了高宗这一心理，以释母必杀岳飞为交换条件，迫使他下了毒手。总而言之，高宗杀害岳飞的原因是多方面的，许多学者虽然对高宗真正的动机难以断言，却都赞同杀岳飞的元凶是高宗这一观点。明代文徵明的一阕《满江红》：“岂不念，中原蹙，岂不惜，徽钦辱，但徽钦既返，此身何属！千古休夸南渡错，当时自怕中原复！笑区区一桧亦何能，逢其欲！”可说是这种观点的代表作。

杀害岳飞的元凶之争，已进行了九个世纪，孰是孰非，仍难定说。

“莫须有”何解

《宋史·岳飞传》记载：绍兴十一年（1141），岳飞被秦桧等以谋反罪名逮捕入狱。两个多月中，岳飞受尽了酷刑，却始终拒绝承认所谓的罪状，只在写供词的纸上，写上“天日昭昭，天日昭昭”八个大字，以表示心中无比的愤慨。秦桧明白“缚虎容易放虎难”的道理，无论如何要置岳飞于死地，于是判岳飞及其子岳云、部将张宪死刑。韩世忠感到不平，就到秦桧处诘问岳飞罪状。秦桧回答说：“飞子云与张宪书（指万俟卨所诬岳云要求张宪帮助岳飞夺回兵权的书信）虽不明，其事体莫须有。”韩世忠说：“莫须有三字，何以服天下？”文中的“莫须有”，历来被解释为“两可之词”，相当于“恐怕有”“也许有”，因而世称岳飞冤狱为“三字狱”。直至今日，无罪被冤，也往往被称为“莫须有”。

● 岳飞（《无双谱》）

然而，自清代以来就不断有学者对此三字提出别解，较有代表性的是清人俞正燮《癸巳存稿·岳武穆狱论》中指出的，秦桧说的那句话，应断为“其事体莫，须有”。这是古汉语中惯用的句式，《论语》《左传》中都有这种结构的句子，宋代也流行这种用法，如王明清《挥麈后录》中，有“当时议法论罪莫，须是宰相否”和“此事莫，皆不虚否”等句。“莫”相当于后世流行的语末助词“嘛”，含询问之意，亦表惊叹。从语音上看，嘛、莫也是同音。俞正燮认为，当韩世忠诘问秦桧时，秦桧态度骄蹇，反诘世忠：“其事体莫……”略迟疑而审度之，然后自决言：“须有。”故世忠不服，横截其语，牵连为一句，言“莫须有三字何以服天下”，以诋秦桧之妄。俞氏在此解释了“莫”的用法，可谓不无道理。再看“须”字，在宋元时期常被用于转折连词，相当于“却”。如朱敦儒《水调歌头》词：“中秋一轮月，只和旧青冥，都缘人意，须道今夕别般明。”在元曲中，也不乏这样的例子。如果照此翻译秦桧的话，则是“岳云给张宪的信件虽然已查无实据，而这件事情嘛，却是有的”，其意也顺理成章。

又有现代学者指出，“莫须有”三字应理解为“当须有”。宋人口语文字中多用“莫”字，常作“当”字解。如宋徽宗有“北事之起，他人皆误我，独太师（蔡京）首尾道不是，今至此莫须问他否”之语（见蔡絛《铁围山丛谈》卷二）。苏轼给文同的信中，也有“惟谨择医药，痛加调练，莫须燃艾否”的话。可见“莫须”二字连用，是宋人的习惯。秦桧既然决意陷害岳飞，就决不会用“恐怕有”之类模棱两可的词，“当须有”不仅可见秦桧理屈词穷的窘态，也可见其强词夺理的蛮横，正可反映其决意诬杀岳飞的阴暗心理。

上述诸说都言之成理，然各持一端，不能统一。虽然任何考证恐怕都难以改变已经约定俗成了的“莫须有”的用法，但确切了解“莫须有”的真实含义，仍大有必要。

“莫须有”之说是杜撰的吗

抗金名将岳飞的冤狱是人尽皆知的，他被秦桧之流以谋反的罪名逮捕入狱后，受尽折磨，始终拒绝承认所谓的罪状，最后仍被处以死刑。当时，韩世忠感到不平而向秦桧诘问岳飞罪状，秦桧以“莫须有”三字答之，故历史上称岳飞冤狱为“三字狱”。八百多年来，秦桧一

秦桧弄权（《绘图精忠说岳全传》）

直被钉在民族的耻辱柱上，而“莫须有”一词，则是他受世人唾弃和咒骂的重点。然而，近年有顾吉辰先生通过大量史料考证分析，认为“莫须有”之说并不是历史事实，而是无名氏作者在《野史》一书中编造出来的，后人失于考证，辗转抄录，才使之成为秦桧加害岳飞的无理之理。

宋人记载秦桧杀害岳飞的有关“莫须有”的史籍有十余种，但其中的绝大多数如《名臣碑传琬琰集》《建炎以来系年要录》《宋宰辅编年录》《大事记讲义》《皇朝中兴纪事本末》《中兴小记》《宋史》等书册中有关这条史料的内容和行文程式都可以明显地看出是互相辗转抄录的。有的在文字上稍作增删，有的干脆一字不改，也有人在抄录时不够审慎，造成了脱字和讹字，这也是后世对“莫须有”三字歧解迭出的原因之一。

岳飞

岳珂在《金佗稡编》中多处记载了有关“莫须有”的事情，但是岳珂是岳飞的孙子，他在岳飞死后七十余年才编此书，时隔久远，难免受“野老所传”的影响，失去史料的真实性。再说，作为岳飞的孙子，当岳飞一案被孝宗平反后，四处寻访遗轶之文，为祖父说好话，以增加对秦桧之流斥责的力度，这也是很正常的事。

相反，一些很著名的宋代史籍中，却不见这条史料的记载。如史学家李焘，一生著述宏富，其《续资治通鉴长编》取材广博，考订精核，是治北宋史之要籍。他本人与岳飞、韩世忠、秦桧、赵构是同时代人，经历过靖康之难、绍兴和议等一系列重大事件，痛恨政府腐败，具有爱国忧民思想。但是在他的一系列史著中，却只字不提有关“莫须有”的情况，这与其说是李焘的寡闻或疏漏，还不如说是他对“莫须有”的怀疑和否定。他的儿子李垕（埴）也有文史名，他的一些史著中，同样不取“莫须有”之说。此外，徐梦莘的《三朝北盟会编》和王明清的《挥麈录》也都没有有关记载。王明清曾说：“明清壬子岁仕宁国，得王俊所首岳侯状于其家。……次岁，明清入朝，始得诏狱全案观之。”这是说他不仅看到了王俊告发岳飞状，还看到了“诏狱全案”，但在他历时三十余年所写的《挥麈录》中，虽记载秦桧之事不下二三十条，却没有一处涉及“莫须有”。这只能说明一个问题，即王明清认为“莫须有”之事不可靠，否则，以正直、爱国史家自居的王明清，决不会放过这一重大题材的。

有一些史籍虽然记载了“莫须有”之事，但从中又可看出一些破绽。如《宋史·韩世忠传》云：“岳飞冤狱，举朝无敢出一语，世忠独撄桧怒，语在桧传。”但翻遍《宋史·秦桧传》，又根本不见此语。这一方面是修史者失于剪裁，另一方面也反映了修史者对“莫须有”之事的怀疑，否则，《秦桧传》的修撰者，恐怕不至疏忽如此。李心传《建炎以来系年要录》记载了此事，但他在关于“莫须有”记载的正文之下，自注曾查阅过《王俊首状大理寺案款》《刑部大理寺状》等六种资料，唯有吕中的《大事记》记载了此事。而我们现在可以知道，《大事记》的这段史料也是辗转抄录别人的。

在众多有关“莫须有”的记载中，唯有熊克的《中兴小记》明确注明材料出自于《野史》。熊克与岳飞、韩世忠差不多是同时代人，上述诸书中，他是最早记载“莫须有”一事的，当然，《野史》又早于《中兴小记》。至于《野史》作者是谁，其书内容如何，就没人知晓了。稍晚于熊克的徐梦莘在撰述《三朝北盟会编》时一一注出材料依据，但在他所引的书目中，人们也看不到《野史》。也就是说，在这些作者中，《野史》仅熊克所见，晚于熊克的作者们即不获《野史》，难怪后人引用这段史料是惊人的雷同，因为他们几乎都辗转抄袭自熊克的《中兴小记》。

一般来说，私家记载随意性较大，但可以记载一些官方作者不敢记的东西。南宋高宗年间，秦桧力主和议，抗金派将领或处死，或免职，在社会上引起很大反响。一些人同情抗金派，又不敢公开抗争，只能私下通过著书立说，抒发对这场政治斗争的看法。顾吉辰认为，《野史》的作者或许也就在这样的氛围中，得之于传闻，撰写了一段有关“莫须有”的对答，为安全起见，他隐去了自己的署名。其实，秦桧加给岳飞的罪名已十分充足，王明清记载说：“岳侯之坐死，乃以尝自言与太祖俱以三十岁为节度使，以为指斥乘舆，情理切害；及握兵之时，受庚牌不即出师者凡十三次，以为抗拒诏命……”此外还有“枢密使张俊使人诬张宪，谓收岳飞文字，谋为变”。在封建社会里，谋反就是十恶不赦的大罪，足以置岳飞于死地。因此，“莫须有”三字，其实已是多余的故事了。

诚然，秦桧究竟有没有说过“莫须有”，已并不能减轻秦桧作为卖国贼和杀害岳飞凶手的罪状。但是，作为历史，有就是有，无就是无，还是来不得半点含糊的。上述一家之说，为这么多年来人们深信不疑的事打了一个问号，为澄清这一历史问题作了极有价值的探索。

青山何处埋忠骨

南宋绍兴十一年十二月（1142 年 1 月），三十九岁的抗金名将岳飞冤死在大理寺风波亭中。岳飞披坚执锐，将生死置之度外，为抗金大业屡建战功，最终却以“谋反”罪入狱被害，朝野爱国之士无不为

● 岳坟（《绘图精忠说岳全传》）

此千古奇冤扼腕叹息。时至今日，杭州栖霞岭的岳飞墓前，观瞻者络绎不绝，人们怀着对岳飞的高风亮节、浩然正气的仰慕之情，凭吊这位曾以激烈壮举和悲惨遭遇惊天地、泣鬼神的历史英雄。

但是，岳飞被害后遗骨究竟葬在何处，是否真的在栖霞岭，却一直未有定论。

据民间传说，岳飞被葬于杭州众安桥下十七号处。李汉魂《宋岳武穆公飞年谱·遗迹考》中记道："今杭州市众安桥河下十七号忠显庙，其地南宋为北郭丛葬之所，传即岳王初瘗处。"他如清朝的胡兴仁、沈祖懋、杨昌浚等，都主此说。道光十三年（1833），杭州府司狱吴廷康正式确认此地为岳飞葬地，并筹集资金，营建岳飞墓、岳飞庙，刊印《岳忠武王初瘗志》，一时影响颇大。但是现代学者认为，南宋时的众安桥，位于钱塘门内，为南宋临安城中的商业繁华地段，桥南有"北瓦子"等娱乐场所，又是御街必经之地，岂能成为北郭丛葬之所？

据宋无名氏《朝野遗记》载，岳飞被害后，"狱卒隗顺负其尸出，逾城至九曲丛祠中，故至今九曲五显庙尚灵，顺葬之北山之漘"。《金佗祠事录》也说："隗顺负尸潜瘗北山之漘。"据说隗顺临死时将葬地告诉他的儿子，说："异时朝廷求而不获，必悬官赏，汝告言曰，棺上一铅筒，有棘寺（大理寺）勒字，吾埋殡之符也。"孝宗时追复岳飞官爵，官府即根据隗顺之子所言，找到了岳飞葬地。根据这一说法，九曲丛祠旁的北山之漘应是岳飞葬处。那九曲丛祠在哪里呢？《咸淳临安志》记载，南宋钱塘门以北，有九曲昭庆桥、九曲法济院、九曲宝严院，此地多湖河，故城垣曲折，九曲丛祠也因此得名，可见九曲丛祠在钱塘门外。所谓北山，即今之宝石山。

至于栖霞岭岳飞墓的真伪，目前仍有争议。宋孝宗时，为了平息人民对陷害岳飞的愤怒和抗议，诏复岳飞原官。又在岳飞旧宅（此时已改为太学）之左，立庙奉祀，号称“忠佑庙”。还悬赏购求尸骨，以少保之礼重新安葬。因此岳飞之子岳霖等人在淳熙六年（1179）所上的《赐谥谢表》中有“葬以孤仪，起枯骨于九泉之下”的话。而据《朝野遗记》所载，官府找到岳飞葬地时，发现“尸色如生，尚可更敛礼服”。如上述记载可信，那么岳飞遗骨是从初葬地起出后，再按少保的葬礼仪式改葬，则栖霞岭的岳飞墓，很有可能是其改葬之地。

岳飞写了《满江红》吗

怒发冲冠，凭栏处、潇潇雨歇。抬望眼，仰天长啸，壮怀激烈。三十功名尘与土，八千里路云和月。莫等闲，白了少年头，空悲切。靖康耻，犹未雪；臣子恨，何时灭？驾长车，踏破贺兰山缺。壮志饥餐胡虏肉，笑谈渴饮匈奴血。待从头、收拾旧山河，朝天阙。

一阕激昂慷慨的《满江红》，曾激起古往今来多少志士的英雄豪情，又多少次地让人缅怀词作者岳飞的赫赫业绩与悲壮归宿。然而，正是这首《满江红》，曾在史学界与词坛引起颇多争议，它的作者是谁至今尚未有定论。

首先提出质疑的是近代学者余嘉锡，他在《四库提要辨证》中认为，这首词最早见于明嘉靖年间徐阶编的《岳武穆遗文》，在此之前却从未见于宋元人的记载或题咏跋尾，也不见于岳飞后代所编的《岳王家集》，其来历令人生疑，因而怀疑是明人的伪托之作。

自此之后，对余氏考辨持赞同之说的为数不少。有人从地理方位着手，指出词中的贺兰山在今甘肃河套之西，南宋时属西夏，金国的大本营黄龙府，在今吉林省内，实是南辕北辙！而在明代，北方鞑靼人常入犯贺兰山一带，弘治十一年（1498）明将王越还在此打了个胜仗，若说王越“踏破贺兰山缺”，倒是顺理成章的事。

还有人从词的风格上探究，认为《满江红》是如此气壮山河，而岳飞另一首词《小重山》却那样的低回婉转，两词的风格完全不一致，似非出自一人之手。

针对上述质疑，有不少学者提出不同意见，主要观点有：

一、岳飞被害时，家产文稿被查封，家人无法妥收。岳飞死后，秦桧及其余党继续把持朝政，又历经元朝异族统治，因而岳飞的声名始终受到压抑，直到明朝才逐渐改观。这一历史事实，使得《满江红》不见于宋、元人著录，直到明代中叶才出现和流传。

二、历史上一些作品湮没多年、历久始新的情况不乏其例，唐韦庄《秦妇吟》就湮没了九百年，但人们并不因此怀疑其真实性。

三、贺兰山是泛指而非实指，就如词中写“胡虏肉、匈奴血”，而不用“女真肉、金人血”一样，都是文学上惯用的比喻手法。宋代辛弃疾曾将长安比作汴京，陆游也曾将天山比作中原前线，不能说他们都犯了地理常识性错误。

四、文学史上两种风格兼擅的作家很多，豪放派大师苏轼、辛弃疾，也不乏婉约清丽之作，因此不能断定写了《小重山》的岳飞，就写不出《满江红》。

五、《满江红》所反映的思想，在岳飞其他作品中也能找到，如“蹀血虏廷，尽屠夷种”（岳飞《五岳祠盟记》，载《金佗稡编·家集》），与“壮志饥餐胡虏肉，笑谈渴饮匈奴血”如出一辙。又如“他日扫清胡虏，复归故国，迎两宫还朝，宽天子宵旰之忧”（岳飞《永州祁阳县大营驿题记》，载《金佗稡编·家集》），与“待从头、收拾旧山河，朝天阙”也完全一致。

由于上述理由，似又不容轻易怀疑《满江红》的真伪。《满江红》的作者究竟是谁，至今尚难定于一说。

秦桧是金国的内奸吗

南宋权臣秦桧（1090—1155）在后人的印象中，无疑是个奸臣。他对金朝奴颜婢膝，一味求和；对抗金将领横加陷害，杀了岳飞，干尽了自毁长城的坏事。他的所作所为，使人怀疑他是金人安插在宋廷的内奸，而这一怀疑，并非捕风捉影。他在被金人拘留四年以后突然南归，神秘莫测，使人感到疑云难消，自南宋以来，一直是人们探究的话题。

据宋徐梦莘《三朝北盟会编》和李心传《建炎以来系年要录》记载，秦桧与宋徽宗被金人掳至燕山后，曾代徽宗修和书，又厚贿金人，以此获得金人欢心，成为金主之弟挞懒的心腹亲信。建炎四年（1130），金兵南征，以秦桧为任用（执事）同行，随军伐宋。秦桧担心夫人王氏不被允许随行，精心设计了一场夫妻争吵。王氏大骂道："我家翁父使我嫁汝时，有资货二十万贯，欲使我与汝同甘苦，尽此平生。今大金国以汝为任用，而乃弃我于途中耶？"她叫骂不休，反复哭诉，果然有人将此话传告于挞懒，挞懒即批准秦桧夫妇同行。金兵攻破楚州后，一心抢劫财物，兵营空虚，秦桧乘乱登舟而去。途中被宋将丁祀水寨的巡逻兵捕获，秦桧急忙告之曰：我御史中丞秦桧也。可是那些兵士都是乡民出身，谁也不认识他，把他作为金军奸细，拷问凌辱了一番。秦桧大叫：这儿有士人吗？士人该知我姓名。恰巧有个卖酒的秀才王安道在附近，被唤来辨认。这王安道其实并不认识秦桧，却长揖道：中丞辛苦了。众人信以为真，也就将秦桧放行。

对这段经历，秦桧自己也有一番描述。他在《北征纪实》中说，他原打算深夜骑马出逃，不料金人四处设有埋伏，才“定计于食顷之间”，乘舟而逃。途经丁家寨曾数次拜访丁祀，均被拒绝，丁祀副将刘靖却欲谋财害命，幸而他识破阴谋，方得脱身。

秦桧对南归的解释，当时就有不少人表示怀疑。史学家李心传指出下列疑点：一、秦桧与何栗、张叔夜等官员一同被拘，为什么唯独他能逃归？二、燕山至楚州二千五百里，楚州至京又有千里之遥，途中逾河越海，难道无防禁之人？三、如金人只令秦桧随军，必留其妻子为人质，怎么可能让他夫妇同行？四、刘靖既欲图其包裹等物，说明必有可观的随身之物，这哪会是“定计于食顷之间”的仓猝出逃？还指出，如果丁祀果真数次不见秦桧，那么秦桧得势后必定会加以报复。但事实是，秦桧为相，丁祀即得提升，而且官运亨通，权倾一时。秦桧是如此宽宏大量的人吗？这只能说明他的“脱险记”是不可信的。

秦桧的南归实有可疑之处，再加上他专权后力主议和，提出“南自南，北自北”的主张，签订了丧权辱国的绍兴和议，向金纳币称臣，完全不以国家、民族利益为重。因此，包括《宋史》在内的许多史籍，都认为秦桧是“挞懒纵之使归”，“俾结和议为内助”的。

秦桧真是金人放归做内奸的？此说虽能言之成理，却查无实据，因此，秦桧神秘的南归，仍是一个谜。

“兀术遗桧书”是否存在

在宋金之战发展到关键时刻，岳飞突然被召回、又以谋反的罪名入狱被害，这对于偏安一隅的南宋王朝来说，无疑是自毁长城的行为。究竟是什么原因使得宋高宗出如此下策？史学界有一种看法，认为这是宋金间达成的默契，以杀害岳飞为条件，换取绍兴十一年（1141）十一月绍兴和约的签订。然而，这一说至今仍不能作为定论，因为其间的一个重要证据“兀术遗桧书”的存在与否，尚未取得共识。

岳珂编的《鄂王行实编年》中，记有这样一件事：“查籥曾谓人曰……金人谓桧曰：‘尔朝夕以和请，而岳飞方为河北图，且杀吾婿，不可以不报。必杀岳飞，而后和可成也。’桧于是杀先臣以为信。”所谓“金人谓桧”，就是“兀术遗桧书”。这条记载别无旁证，因而引起后世争议。

清人赵翼认为，所谓“兀术遗桧书”，是岳珂的附会之词，因为与秦桧勾结的是挞懒，不是兀术，兀术怎么会平白无故地遗书秦桧？后代学者则在此基础上进一步指出：一、所谓“兀术遗桧书”是条孤证，与查籥同时代的胡铨等人都是反秦派，一贯竭力声讨秦桧的卖国行径，可是都没有提到过这桩内外勾结、卖国求安的事情。向以资料丰富著称的《三朝北盟会编》《建炎以来系年要录》虽网罗荟萃，也不记载此事，故可推测此乃岳珂的杜撰。二、《鄂王行实编年》叙事有许多破绽。首先，它与岳飞部将王贵对绍兴十年七月十四日宋金颍昌大战的描绘，有很大不同。《金佗稡编》卷十六载《王贵颍昌捷奏》，作宋军杀敌“五百余人”，而岳珂说“杀敌五千”，战绩如此悬殊！其次，《王贵颍昌捷奏》中，未见兀朮有婿叫夏金吾的，连《金史》中也没有其人。即使有夏金吾，也不可能是兀朮的女婿，因为女真习俗禁止与外族通婚，贵族尤其如此。而岳珂却明言“杀其统军、上将军夏金吾”，又在另一处说，夏金吾即兀朮女婿。三、如果杀死岳飞是宋金和约的先决条件的话，那么绍兴和约的达成应在岳飞死后。但实际上绍兴和约生效在绍兴十一年十一月，一个多月以后岳飞才被害，怎么能说是“必杀岳飞，而后和可成也”呢？总之，岳珂并非不知道杀祖元凶是高宗与秦桧，但惟恐犯“指责乘舆”的大罪，故编造了“兀朮遗桧书”之说，为其祖昭雪。

但是，也有学者反对简单否定“兀朮遗桧书”，指出：一、由于秦桧父子当权时肆意篡改历史，《金佗稡编》之外有关岳飞的记载残缺不全，错误百出，其中不乏荒诞离奇、面目全非之处，故不能苛求岳珂的错讹和疏略，也不宜对缺少旁证的史料一概否定。二、有关颍昌战役，王贵奏捷曰杀敌五百，岳珂记为五千，过去一直认为是岳珂夸大战绩为祖增光，其实五百当为五千之误。一天激战，只杀敌五百，又能使兀朮全军溃败，实在是令人难以置信的。三、宋朝的奏捷，常常不用金军将领的全部官衔和真实姓名，而只用简单的习惯称呼。如讹里朵只叫“三太子”，兀朮只称“四太子”，“龙虎大王”在战报中屡见不鲜，却无名无姓，后人也只是根据其他材料推断是突合速。其他如“翟将军”“镇国大王”等都不见于《金史》，但并不能作否定此人存在的依据，夏金吾也属类似情况。四、从史料看，女真并无与外族通婚的禁令，海陵王完颜亮生母就是渤海人，金世宗妃汉人李氏生完颜永济，后即位。民族偏见最深的金世宗，也下诏安排契丹人与女真人杂居，男婚女聘，渐化成俗。夏金吾即夏姓的金吾卫上将军，是金朝的汉人助手，这完全是可能的。因此，由夏金吾此人不见于史书记载，认定“且杀吾婿”纯属虚构，进而否定“兀朮遗桧书”，未必妥当。五、开始制造岳飞冤案是在正式和议之前，这段时间中，宋廷做出了许多自毁长城的事，如削韩世忠等人兵权、肢解精锐部队等，如无默契，敌对状态中的一方是不会如此违背常理的。再说，原则上达成协议到条约全部履行，中间有一年的交涉时间，高宗下决心杀害岳飞，是向金军表示诚意的重要行动。

总之，宋金和议是宋金关系史的转折点，它使双方由积极进攻转为长期对峙。而岳飞被害与宋金和约间，究竟有无必然联系，“兀朮遗桧书”是极为关键的研究资料，因而更应揭开它的谜底。

韩世忠魂归何处

南宋爱国将领韩世忠（1089—1151），字良臣，延安（今属陕西）人。他出身贫苦，年十八从军，出生入死，累建战功。建炎四年（1130），以水师八千阻挡金兵十万渡江，与兀朮相持于黄天荡（今江苏南京附近）四十余日。此役，韩世忠之妻梁氏亲自披挂上阵，擂鼓助战，激励士气，为后世所传诵。京剧有《击鼓战金兵》一折，描写这一历史故事。黄天荡之战大灭金兵的凶残气焰，对宋金对峙局面的形成具有重要作用。此后，韩世忠屡败金兵，使敌人望而却步。但由于他在南宋朝廷的和战之争中反对和议，力图复战，遭到权贵的猜忌，绍兴十一年（1141）与岳飞等同时被解除兵权，自此杜门谢客，绝口不言兵，常纵游西湖以自娱，将佐罕得见其面。但是，他的部下忘不了他的知人善用，身先士卒；百姓忘不了他的坚持抗金，奋勇杀敌，直至今日，苏州灵岩山韩世忠墓前，还常有游人怀着崇敬的心情，缅怀这位爱国将领的英雄业绩。

苏州灵岩山韩坟地势开阔，气势非凡，墓前碑高三丈，人称天下之冠，与韩世忠的身份、威望颇为相合。新中国成立后，这里被列为江苏省省级文物保护单位。但是，在民国初年，就有人提出，此墓充其量是一座衣冠冢，韩世忠的遗骨决不在其中，真正的韩墓应在浙江湖州一带。由此，争论遂起，因依据不足，成为悬案。

20 世纪 80 年代初，史学工作者查阅大量历史资料，又进行实地考察，认为韩墓应在浙江省湖州市西南部当时的青山公社境内，确址位于北纬 30°45′，东经 120°02′，在金鸡山主峰之东麓的菁山坞。他们的论据是：一、从文献资料看，《万历湖州府志》有“蕲王韩世忠墓菁山”的记载（宋孝宗时，韩世忠被追封为蕲王）。菁山是山名，也是古集镇名。青山公社原名即是菁山公社，后才改为“青山”。因此坐落在菁山坞的韩墓，与文献记载相合。二、从口碑材料看，韩墓之说在当地相袭流传，沿称已久。当地老农称菁山墓为“王墓”“元帅墓”，说墓主“大得很，同岳飞一起打过仗”。韩墓附近还有一桥，名曰“韩家桥”，当地老农说，据前辈相传，那是韩府守墓家丁所造，而守墓家丁的后代，直到清同治年间才绝。三、从墓址看，此墓气势非凡，金鸡山突兀于墓之西北，山脊绵延约 1 千米，呈龟龙状，远眺山脉，如龟龙脱壳，居高临下，气势磅礴。韩墓所在地即为“龙首”，墓坐落于“龙首”右侧。韩世忠为武将出身，“文左武右”，葬之右侧，礼仪得当。封建时代建王墓，必择风水宝地，韩墓气势与他蕲王身份十分相符。四、从墓的规格、形制看，此墓幽圈直径 25 米，背高 10 米，有坟祠痕迹。墓前有一坪台，原有石人、石马、石羊，还有华表、牌楼、界碑，此属“王”的排场。墓前是一开阔平地，呈斜坡形，整个墓址有明显的坟城痕迹，那是个顶边宽 40 米，底边宽 160 米，两边各长 140 米的梯形坟城。总之，墓阙之宏伟，气势之浩大，此墓非“王”不可相称。

● ［清］吴友如《梁夫人》

反观苏州灵岩山韩墓，有许多不合情理之处。首先，碑高三丈，在宋代是不可能的，宋代任何一个皇帝之墓碑高都未达到三丈，韩世忠子孙岂敢如此僭越犯上？这不符合宋代礼制的韩墓，必是明清时所造。其次，韩世忠卒于高宗绍兴二十一年，孝宗隆兴元年（1163）追封为蕲王。这一时期，苏州、镇江、扬州一带一直是宋金双方争夺的地区，时有军事冲突，韩世忠后人应不会葬先人于此不安全之地。相反，湖州地区是韩氏父子后期辖区，韩家在这里社会影响大，群众基础好，韩世忠归葬于此，较合情理。灵岩山的地势也不是王墓的理想所在，它地形显露，易被盗被损，山也不成龟龙之势，远不及群山环抱的菁山。更重要的是，韩世忠葬于灵岩山之说，文字史料甚少，只有清《同治苏州府志》有一条记载。而菁山韩墓却有许多历史资料证明，其中最早的是南宋《嘉泰吴兴志》，编纂时间距韩世忠死仅五十余年，可信程度当然更高些。

如果上述考察结果符合历史事实，如何解释苏州韩墓的存在呢？人们推测，韩世忠在苏州、镇江一带驻屯多年，几次重大的抗金战役发生在这一带，韩世忠及夫人梁氏的一些轶事在当地广为流传，人们修筑灵岩山的韩墓，主要是为了纪念韩世忠夫人。

● 梁夫人击鼓战金山（《绘图精忠说岳全传》）

赵明诚死于误服寒药吗

赵明诚（1081—1129）和李清照（1084—?）是一对令人钦羡的夫妻。他们志同道合，甘于过粗茶淡饭的生活，而沉湎于金石古籍的整理研究之中，编成了学术价值很高的《金石录》三十卷。靖康之难，北宋灭亡，他们平静的生活也被打破。赵明诚被南宋王朝任命为建康知府，好不容易熬到建炎三年（1129）卸任，一家人准备迁往赣水边上定居，赵明诚却又被任命为湖州知府，并要他到建康去觐见皇帝。于是，他只好将家人暂时安顿在池阳，于当年六月独自赴召。由于大热天长途跋涉，到达建康后就患病不起。李清照在带有传记性质的《金石录后序》中记述了当时的过程："(明诚）途中奔驰，冒大暑，感疾，至行在，病痁。七月末，书报卧病。余惊怛，念侯性素急，奈何病痁或热，必服寒药，疾可忧。遂解舟下，一日夜行三百里。比至，果大服柴胡、黄芩药，疟且痢，病危在膏肓。……八月十八日，遂不起，取笔作诗，绝笔而终。"

赵明诚之死，对李清照的打击极大，她曾写下《祭赵湖州文》，其中有这样沉痛的句子："白日正中，叹庞翁之机捷；坚城自堕，怜杞妇之悲深！"前句借唐代居士庞蕴的典故，悼赵明诚壮年早逝，后句借杞梁妻哭倒长城的传说，抒写自己内心的沉哀。当然，让李清照悔恨最深的还是赵明诚病时，她身在池阳，不能亲侍汤药，以致明诚在患痁疾（疟疾）后又误服寒药，导致病情恶化而亡。清照既有此说，后世学者也就对此深信无疑了。

其实，李清照的说法大有偏颇。许均颐提出如下之说：

首先，黄芩、柴胡是可以治疟疾的。据《本草纲目》记载：“（黄芩）主治诸热黄疸，肠澼泄痢……治热毒骨蒸，寒热往来。”而“（柴胡）主治寒热邪气，……肺疟、肾疟、十二经之疮，有热者皆可用之矣。”黄芩、柴胡不但可以退寒热，治诸疟，更能止“泄痢”，只不过二者治病的药理不同罢了。直到今天，中医对疟疾患者的治疗，仍以黄芩、柴胡、常山、穿山甲、草果、知母等煎服为最佳处方。因此，李清照认为赵明诚是因黄芩、柴胡致泄痢的说法是不能成立的。

其次，李清照先是猜测赵明诚“必服寒药”，后证实他“果大服柴胡、黄芩药”，可见清照所指的寒药就是黄芩、柴胡。其实，古代医籍对黄芩、柴胡的评估都是“味苦、性平、无毒”，并不认为二者是寒性之药。而清照仅仅按照一般常规，认为味苦之药必定寒，寒药大服必致痢，如此，一步步推出错误的结论。究其渊源，还是对于黄芩、柴胡等药性的错误理解。

那么，赵明诚究竟是患什么病而致死的呢？我们来看“痁”的字义。《说文解字》说：“痁，有热疟。”段注：“有热无寒之疟也。”《正字通》：“多日之疟曰痁。”《左传》孔颖达疏曰：“痎是小疟，痁是大疟。”《方书》云：“有单疟，有一日、二日至十日疟，二日一发疟曰痎，多日一发疟曰痁。”由此可以知道，赵明诚患的是多日一发之疟，也就是现代西医所说的恶性疟疾，它不同于间日疟和三日疟，是疟疾中的重症。其症状往往比较复杂，发热时间也较长，往往会引起凶险发作。发作时不仅热冷骤起，还会引起泄痢、抽搐、狂躁等症。而赵明诚在夏五月得到知湖州的任命，六月十三日告别妻子，赶往建康。时值盛夏，蚊子多，正处疟疾的好发季节，又是处在旅途中，卫生条件差加上劳累过度，就造成免疫功能降低，使疾病乘虚而入。恶性疟疾的潜伏期较长，一般可在十天至四十天，起病时的病症也较一般，易为疏忽，渐渐损及内脏，才生骤变。故而，明诚病后，滞留建康，迟迟不告诉李清照，直至七月末，才“书报卧病”。照推算，明诚染疾至“书报”至少已迟延了一个月左右，等到清照闻讯赶来，早已进入晚期。大凡疟疾到此时，病人肝脾肿大，胃肠道黏膜出血感染，泄痢之症日益严重，最终告不治。清照见到的赵明诚，已处于这种情况，以至于清照“悲泣仓皇，不忍问后事”。赵明诚的症状与一般恶性疟疾的症状是十分吻合的。

总之，赵明诚是因疾病的需要而服用黄芩、柴胡，而黄芩、柴胡并不会加重他的病情。因此，赵明诚的死主要是由于恶性疟疾，而不是因为误服“寒药”。

赵明诚

篆刻　郑英旻

李清照改嫁了吗

才气纵横、文词洒落的宋代女词人李清照留给后世的，不仅有清远俊逸的词作和夫妻志趣相投、同研金石的佳话，还有一个不可轻易而解的谜，即她在赵明诚死后，是否改嫁张汝舟？此谜源于宋代，宋赵彦卫《云麓漫钞》录有李清照《投内翰綦公（崇礼）启》(以下简称“启”)。“启”中载有清照重病期间被骗结婚（时在绍兴二年，1132），后发现丈夫张汝舟士侩面目，冒坐牢之险告官揭发其罪行（宋刑法规定妻告夫虽属实，仍需服徒刑二年），在綦崇礼的帮助下免受牢狱之苦的经过。清照此“启”就是向綦崇礼表示感谢的书札。宋人著作引用这一说法的共七八家之多，其中包括著名史家李心传的《建炎以来系年要录》。

自明代以来，不断有人对清照改嫁一说提出异议，其理由有：一、绍兴二年清照已年近五十，似无改嫁的可能。二、官宦出身的妇女，是不允许改嫁的。三、清照与赵明诚肝胆相照，感情坚如磐石，生死不渝，不会走改嫁之路。四、綦崇礼是赵明诚的亲戚，若因改嫁涉讼，清照似不会向前夫的亲友觍颜相求。五、赵明诚的表甥谢伋，在《四六谈麈》中未提清照改嫁事，仍称为“赵令人李”。六、《云麓漫钞》杂记琐闻，记载失实之处颇多。细究“启”的内容，可见此“启”

原是清照为感谢綦崇礼解救她“颁金通敌”的冤案而写，赵彦卫所录“启”中有关“改嫁”的内容，是别人加入的。七、清照晚年曾自称“嫠妇”，意即寡妇，若改嫁又离婚，她怎敢以此自称？

上述理由不可谓不充分，但仍有人坚持改嫁之说，认为：一、在著作中记录此事的胡仔、洪适等都是当时人，胡仔《苕溪渔隐丛话》成于湖州，洪适《隶释》成于越州，离清照所处之地并非远隔万里，不至于讹传如此。且这些著作成书时，清照尚健在，难道这些学者能在人生前造谣？二、“颁金通敌”案发生在建炎三年（1129），而“启”作于绍兴三年之后，可见二事决不相关。三、谢伋之所以仍称“赵令人李”，是不忍心提起旧事，同时也正视清照改嫁后仍眷眷于明诚，为完成前夫遗志不辞辛苦的事实。四、宋代妇女改嫁极为平常，故宋人并不大惊小怪地将此事作为耻事论及。结论是，宋明以后的卫道士们，不能接受一代才女没有从一而终的事实，拼命掩饰、否认她的

李清照

改嫁。

上述二说有考证，也有臆测，孰是孰非，很难断言。

近年又有一说颇有新意，即认为过去的争论皆因人们错误地理解了“启”中“官文书”一词，把它作“告身”“委任状”解。其实张汝舟持委任状与清照何干？“官文书”是官家所出文书的总称，此处是指判决书。清照因“颁金通敌”之谤被官问罪，其出路之一就是沦为官婢强卖于人。张汝舟手持的就是官府判的官文书，才对清照有威慑力，可以强以同归。改嫁之事应是女方为主，一个孀妇因错判而为人所占，能说是改嫁吗？因此，就清照再婚的性质而言，“改嫁”与“不改嫁”二说都不能成立。此说颇为新颖，不失为一家之言。

霹雳炮是最早的火箭吗

绍兴三十一年（1161），南宋王朝的军队与金朝的军队在长江下游采石镇（今安徽马鞍山市南）附近的江面发生一场水战，宋军出动精兵，并动用新式武器霹雳炮，组成强大的火力攻势压倒金军，使其阵营大乱，伤亡过半。金主完颜亮率领残部撤退，南宋的半壁江山得以转危为安。

霹雳炮是怎样一种武器呢？杨万里《海鳅赋后序》中记载得比较详细："以纸为之，而实之以石灰、硫黄，炮自空而下落水中，硫黄得水而火作，自水跳出，其声如雷，纸裂而石灰散为烟雾，眯其人马之目，人物不相见。"杨万里于战后曾亲临现场采访，他又是这场战役的指挥者虞允文的朋友，所记当为信史。但是，由于他对军器制造不甚了了，对炮的构造、性能的描述不一定确切，人们读后仍然不得要领，以至于后世对霹雳炮的认识，产生了众多的歧义。

清代赵翼"望文定义"，认为霹雳炮是一种火炮。法国汉学家伯希和认为霹雳炮未必是火炮，但无疑是一种爆炸物。杨辉将此译成"霹雳弹"，解释为属于火药武器的爆炸物。美国汉学家富录特干脆译成"炸弹"。也有人认为，霹雳炮中是不含火药的，因而算不上是火药武器。还有人对杨万里所记"硫黄得水而火作，自水跳出"之句不理解，认为石灰碰到水是可以产生一定的温度，但是一定要达到硫的燃点才能发火，而“纸裂……石灰散为烟雾”，却无法使石灰与水产生反应，即使相遇也不可能产生硫的燃点——261℃这样的高温。此外，还有人认为，霹雳炮就是西方几百年前已经掌握的“自动火”“希腊火”之类的装置，经由阿拉伯传入我国。或者认为，霹雳炮就是日后花炮的原始形式。

形形色色、相互矛盾的说法莫衷一是，值得注意的是 1946 年苏联学者沙皮罗所提出的观点：霹雳炮与宋代烟火中的地老鼠一样，属于火箭装置。但这一说法在当时没有引起足够的重视。当代学者详尽分析了史料后提出，霹雳炮不是一般的火炮，也不是人力或机械力掷出的炸弹，更不是缺少硝石成分的西方自动火，而是能散出烟雾的原始的火箭弹。其特点是运动迅速，兼有爆炸纵火、喷烟雾、发巨响等多种功能，既是烟雾弹，又是炸弹。因此断言，1161 年的霹雳炮，是世界上最早的火箭。

这一家之言，能否作为定论？

不执父丧——光宗缘何悖人伦

南宋绍熙五年（1194）六月，已经退位的宋孝宗驾崩。他的儿子、当朝天子宋光宗不仅在孝宗病重时未去问疾，此时也声称有病，不肯主丧，以致国丧无法顺利进行。这在封建社会中是罕见的反常现象，一时朝廷内外舆论大哗。宰相留正面对重重矛盾，称病逃走。幸而宗室赵汝愚和外戚韩侂胄出来主事，他们认为光宗曾经同意立赵扩为太子，又有“历事岁久，念欲退闲”的亲笔御书，就以此为据，由太皇太后吴氏（宋高宗后）下诏，强迫宋光宗退位，立皇子嘉王赵扩为帝，即历史上的宋宁宗。光宗被尊为太上皇，在位仅六年。

究竟是什么原因，使宋光宗做出这等违背常理的事呢?《宋史》《宋人轶事汇编》等史书记载颇为纷杂，大致有如下诸说。

一、父子有隙。宋高宗在五十三岁时，传位于孝宗，而孝宗六十出头，还没有仿照高宗内禅先例，把皇位传给光宗的意思。光宗当时已年过不惑，对此颇有意见，曾多次暗示孝宗退位。当终于在淳熙十六年（1189）即位，其皇后李氏即要求立皇子嘉王扩为太子，但孝宗不同意。李氏大为不满，不断在光宗面前进谗言，使光宗怀疑孝宗虽把皇位传给自己，但仍存废立之意，从此就不去朝见孝宗。又说孝宗退位后，一直很担忧光宗的疾病，特意觅得良药和成一大丸，想派人公开送到光宗宫中，又恐李皇后从中作梗，便准备等他前来问安时当面赐与。这时又有宦官从中挑拨，使光宗相信父亲准备好有毒的药丸，要他当场服下。光宗惧生变故，因而不肯再去重华宫（孝宗退位后所居之处）。父子不和的情形，使满朝文武为之不安，认为于社稷不利，于人伦有悖，因此多次上表劝谏。太学生二百多人联名上书，言辞恳切，丞相等还以罢职为手段力请。可是一切努力都见效甚微，孝宗因而常凄然不乐，郁郁终日，直至不起。

二、光宗患有疯病。光宗李皇后生性妒甚，绍熙二年十一月，见黄贵妃有宠，无法容忍，便杀之以暴卒闻。当时，光宗正举行祭天地礼，突然风雨大作，黄坛蜡烛尽灭，不能成礼。光宗刚听到贵妃的噩耗，又值此变，震惧感疾，噤不知人，张口呓言，从此不愈，后宫暗称之为“风（疯）皇”。

三、光宗受制于李后。李后出身将门，性妒悍。把持朝政后，更是飞扬跋扈，骄奢淫逸。宋高宗对她十分不满，孝宗也屡加训斥，声称若不思悔改，有失皇后风范，定将废之。光宗得病后，孝宗也归罪于李后，告之：“万一不复，当族汝家！”再加上李后曾请立嘉王不许，李后便与孝宗势不两立。好多次，光宗准备去见父母，百官已班立以候，都被李后阻拦。光宗软弱又多病，不能自主，唯李后之意是从，以至于孝宗弥留之际，百官力请，皇子也泣求光宗去重华宫尽孝子之礼，可是从光宗寝宫传出的圣旨，仍然是：“俟疾愈过宫行礼。”

宋光宗究竟为什么不肯主持父亲的丧礼，仍可进一步探索。

皖赣闽，朱熹籍贯归何处

朱熹是南宋时期著名的哲学家、宋代理学的集大成者。他一生著作甚多，主要有《周易本义》《四书章句集注》《朱子语类》等。朱熹对儒家经典“四书”的解释是南宋及元明清四代科举考试的金科玉律，朝廷以此取士，学子以此作为做学问的准则，因此对中国学术思想影响之大，在各代儒学思想家中，也鲜见其匹。

朱熹字元晦，亦字仲晦，别号晦庵、晦翁、云谷老人、沧州病叟、遯翁等。在封建社会中，文人有众多别号，并不稀奇。奇怪的是，朱熹的著述文章，有许多不同的署名。或是邹县朱熹、婺源朱熹、新安朱熹、紫阳朱熹、丹阳朱熹、平陵朱熹、吴郡朱熹，此外还有一个特殊的署名“邹䜣”。这一现象使人们产生疑问，朱熹怎么有那么多籍贯？尤其是邹县、吴郡、丹阳、平陵等地宋代以前已经撤置，朱熹为何将这些在南宋已无遗址的地方作为祖籍呢？

学者们详考朱熹的家世，为他众多的署名寻找答案。据考证，朱熹的始祖居住于山东南部的邹县（今山东邹城），邹县的前身为䜣国，“䜣”通“熹”，化名“邹䜣”，即“邹县朱熹”之意。战国末年，朱熹先人移居江苏徐州，东汉时过江南迁至吴郡丹阳（今属江苏），于是称“吴郡朱熹”“丹阳朱熹”。汉献帝后朱氏迁丹阳郡平陵县（今江苏溧阳），故称“平陵朱熹”。唐末再迁至徽州（今安徽省歙县、休宁、祁门、绩溪、黟县及江西省婺源等地），因其地有新安江，隋以前称新安郡，遂有“新安朱熹”之称。唐昭宗年间（888—904），朱氏再迁至婺源，而当地有紫阳山，这就是“婺源朱熹”“紫阳朱熹”的出典。北宋末年，朱熹的父亲朱松出任福建尤溪县尉，不久辞官，隐退尤溪城外毓秀峰下，朱熹诞生于此。朱熹晚年根据其父遗嘱，定居于建阳县的考亭，世称“朱考亭”，朱子学派也被称为“考亭学派”。

● 朱熹（《晚笑堂画传》）

朱熹的署名皆有来历，那么，他的籍贯究竟是何处呢？史籍记载，朱熹是“徽州婺源”人。徽州在浙江、江西的交界处，清朝康熙年间在此设安徽省，有人据此以为朱熹是安徽籍。民国时期，婺源划归江西，故也有人以为朱熹应是江西人。还有人认为朱熹是福建人。此说引证古代户籍制度指出，古代户籍有正籍、寄籍、占籍之分。父祖及本人都居于当地，即为“正籍”；长期离开故乡，以寄居身份在居住地报户口，称为“寄籍”；离开祖籍所在地，定居于他乡，并因居住年代久远、在当地较有声望等原因取得当地户籍，即为“占籍”。宋代的“占籍”人户，与当地人享有同等待遇，南宋时尤为普遍。朱熹之父朱松，于宋徽宗时入闽，后因方腊起义军占据婺源，遂打消回乡的念头，在福建定居下来。绍兴十七年（1147），朱熹被批准在建州（治今福建建瓯）参加贡举考试，这说明他已取得当地户籍。

“福建说”虽然也言之成理，但是并未说服持其他二说的学者。这一问题的歧义，不仅关系到朱熹本人的籍贯，而且牵涉到确定历史人物籍贯的原则，因此，史学界对此要下结论，还会费一番斟酌。

朱淑真“断肠”在何时

朱淑真是宋代著名女诗人兼词家，自号幽栖居士。所作清空婉约，多忧愤之言，后人辑为《断肠集》《断肠词》传世。

朱淑真的生命虽然短暂，却给后世留下不少疑谜。如她的籍贯，一般以为是海宁（今属浙江），家居钱塘（今浙江杭州）；可又有人说她是理学大师朱熹（其籍贯一说婺源）的侄女。是所传籍贯有误呢？还是二朱的叔侄关系纯属附会？又如朱淑真的诗幽怨悱恻，处处可见其悲凉之情，到底是什么使她神伤肠断？有人说是因对婚姻不满，因其舅父为还赌债将其嫁给一个三分像人、七分像鬼的人；又有人说她曾有过美满的婚姻生活，可是丈夫仕宦后另有所爱，断了音信，才使她抑郁而终。再如由于她曾作《生查子》一词，有人说她行为不端，有桑间濮上之行；但又有人竭力为她辩诬，此事至今仍是疑案。更重要的是，由于朱淑真的生卒年代无明确记载，她究竟是北宋人还是南宋人，至今也尚无定论。

明代田汝成《西湖游览志余》记载：“与淑真同时有魏夫人者，亦能诗。尝置酒以邀淑真，令小鬟队舞，因索诗，以飞雪满群山为韵，淑真醉中援笔赋五绝。”在朱淑真不多的传世诗作中，确有题为《会魏夫人席上命小鬟妙舞曲终求诗于予以飞雪满群山为韵作五绝》的五首七绝，把小鬟队舞描绘得栩栩如生，后人称赞曰：“不惟词旨艳丽，而舞态之妙，亦可想见也。”一般认为，向朱淑真索诗的魏夫人是曾布之妻。曾布即“唐宋八大家”之一曾巩的弟弟，曾助王安石变法，死于宋徽宗大观元年（1107）。朱淑真如与曾布的妻子为诗友，则必是北宋人无疑。

传说，朱淑真死后，她的父母悲痛欲绝，不忍再读她那些断肠诗，遂将其诗稿付之一炬。父母尚健在，可以推知朱淑真的享年不会很长，明代周清源考证说，朱淑真死时才二十二岁芳龄。而据朱淑真《夜留依绿亭》诗中所说的“风传宫漏到湖边”句看，绍兴八年（1138）高宗迁都临安时，她还在世；又从她在这段时间所作的《元夜三首》来看，诗中描写自己元夜与情人相会，在歌声鼓乐中，两情无忌的情形跃然纸上。假如朱淑真与魏夫人同时，高宗绍兴年间（1131—1162）她应有八十多岁高龄，八十老妪尚有此热情，实有悖常理。此外，朱淑真所作《璇玑图记》文末有“绍定三年春二月望后三日，钱唐幽栖居士朱氏淑真书”的落款，绍定是南宋理宗的年号，这个确切年代，是朱淑真为南宋人的一个明证。还有人指出，朱淑真的作品具有典型的南宋人风格，所谓“元祐体”的味道已荡然无存（元祐是北宋哲宗的年号）。尤其是朱淑真的名句“宁可抱香枝上老，不随黄叶舞秋风”(《黄花》)是化用南宋爱国诗人郑思肖的诗句“宁可枝头抱香死，何曾吹落北风中”(《寒菊》)而来，郑思肖乃宋末元初人，这是确信无疑的事实。据此，有人认为，与朱淑真为诗友的魏夫人不是曾布之妻，而是南宋另一个魏姓上层妇女，朱淑真生活于南宋当更为可信。

总之，朱淑真的活动年代究竟是北宋还是南宋，至今难以定论。如果这一问题得以解决，则关于朱氏的其他疑问或许也可以迎刃而解了。

《钗头凤》的疑谜

陆游是南宋著名的文学家和学者，他工于诗词和散文，也长于史学，一生创作的诗篇近万首，与尤袤、杨万里、范成大，被世人并称为南宋诗坛四大家。陆游虽然在文学上取得了很大成就，为历代所推崇，但个人的婚姻生活却十分不幸。陆游在二十岁左右的时候与唐琬结婚，婚后，夫妻二人感情融洽，堪称伉俪相得，情投意合。然而，陆游的母亲对唐琬百般挑剔，非常不满，她逼迫陆游与唐琬离婚。陆游与唐琬感情深厚，不愿离别，但又不敢违背母命，于是便在外面搞了一所别宅让唐琬居住，时时前去与她幽会。陆母得知此事后，前往别宅查究，虽然陆游事先听到风声，已带着唐琬离开，但这件事再也无法继续隐瞒下去，最后陆游只得忍痛与唐琬诀别，自此天各一方。后来，陆游娶了一位姓王的女子，唐琬也嫁给了一个名叫赵士程的人。多年以后，这对被迫分离的有情人，在一个偶然的机会相遇于沈园（在今浙江绍兴）。陆游怅然久之，内心充满悲痛，写下了那首令人心酸泪下的《钗头凤》词：

红酥手，黄縢酒，满城春色宫墙柳。东风恶，欢情薄，一怀愁绪，几年离索，错！错！错！　春如旧，人空瘦，泪痕红浥鲛绡透。桃花落，闲池阁，山盟虽在，锦书难托，莫！莫！莫！

不久，唐琬离开了人世，而陆游在有生之年，始终不能忘却昔日的深情及沈园的相会，曾多次赋诗缅怀。陆、唐的悲欢离合，不仅唱出一曲千古流传的爱情悲歌，而且也给后人留下了不少疑问。

其一，陆游与唐琬究竟是不是表兄妹？据南宋周密《齐东野语》记载："陆务观初娶唐氏，闳之女也，于其母夫人为姑侄。"刘克庄《后村诗话续集》和陈鹄《耆旧续闻》，也有类似的记载。据此，陆游的母亲与唐琬实为姑母和侄女的关系，也就是说，陆游和唐琬是表兄妹。后世的论著大多沿袭这一说法，因而人们感叹身为姑母兼婆婆的陆母如此狠心，竟然毁了两个至亲骨肉的幸福。

然而，也有一些学者对传统的说法提出疑义，他们查考了《宝庆续会稽志》，发现唐琬的父亲唐闳是山阴（今浙江绍兴）人，鸿胪少卿唐翊之子，而陆母则是江陵（今属湖北）人唐介的孙女，两地相距遥远，两家虽同姓，却并无宗族血亲关系。既然唐琬的父亲和陆游的母亲不是兄妹，那么陆游和唐琬也不可能是表兄妹了。

不过，宋代文献言之凿凿，而且又有多人记载此事，虽说野史笔记有采录传闻、不暇考证的毛病，但周密、刘克庄等人毕竟与陆游年代相近，所言总应有些根据。于是又有些学者详细考证了唐琬的家世，他们排列出唐琬家族的世系表，认为唐琬与陆母之间确有宗亲关系，但她的父亲却不是唐闳，而是江陵人唐意。如此，有关地缘问题似乎就解释得通了。

其二，唐琬为何不容于婆婆？有人认为是陆母求孙心切，而唐琬却迟迟没有怀孕，此观点的来源是陆游《剑南诗稿》"姑恶"诗："所冀妾生男，庶几姑弄孙。此志竟蹉跎，薄命来谗言。"有人认为能诗善词的唐琬恃才傲物，无法与婆婆协调好关系。而刘克庄、马端临皆言之甚明：放翁幼婚伉俪相得，二亲恐其惰于学。史载陆游确有"惰于学"之事，他曾作《菊枕诗》，忆与先妻某氏共制菊枕并作诗一事，这在望子成龙的父母眼中，大概就是玩物丧志了吧。所以，"严君督过"，迁怒于妇，亦在情理之中。

其三，《钗头凤》是陆游为唐琬而作的吗？《钗头凤》一词，历来被当作陆、唐爱情的写照，但是，宋代以降，就有马端临等人对此未予深信，现当代也有不少专家学者予以质疑，他们认为，陆游在成都与妓女交往之事屡见载籍，陆游词中有好几首是他在蜀赠妓之作，《钗头凤》应该是其中之一。主要论据有：（1）《钗头凤》一词，用语过于香艳，有失持重，不符合唐琬的身份。（2）"宫墙柳"一语，不符合山阴环境。绍兴不曾有过"宫墙"，"宫墙"系指成都故蜀王宫。（3）《钗头凤》调本名《撷芳词》，陆游取原词"可怜孤似钗头凤"一语而另立《钗头凤》新名，而该词调当时就流行于成都。（4）陆游公开用"东风恶"指自己母亲，不符合那个时代士大夫最基本的人伦道德。（5）陆游作《钗头凤》并将其题写于沈园壁间的时候，唐琬与赵士程结婚不久。这种做法，实在有悖于情理，不仅唐琬的后夫赵士程无法承受，即便是陆游的后妻包括唐、陆、赵三者的家族，也都是无法承受的。毕竟，他们都出身于书香仕宦之家。

最后，陆游的出妻是否唐琬？记陆游唐琬故事者虽多，但只有《齐东野语》是明确说陆游出妻是唐琬的，其他如刘克庄只言“某氏”，陈鹄只说“先室”“去妇”，既没有其姓氏，也没有说为某人之女，更没有说与母夫人的姑侄关系。其后的马端临《文献通考》也只是说“放翁初婚某氏”。因此《齐东野语》的记载，可说是单文孤证，不足以服人。

一首《钗头凤》，演绎出如此悱恻动人的爱情故事，却也留下了至今难以解读的谜案。

● 陆游（《于越先贤传图像》）

陆秀夫是否陆游的直系后代

陆游是南宋著名爱国诗人，他自幼就立下了“上马击狂胡，下马草军书”的雄心大志，一生主张北上抗金、恢复中原，临终还留下“死去元知万事空，但悲不见九州同。王师北定中原日，家祭无忘告乃翁”的诗篇。陆秀夫是南宋末年坚持民族气节、奋力抗敌卫国的忠臣。景炎三年（1278），他与张世杰等人立赵昺为帝，徙驻于厓山（即崖山，在今广东省江门市新会区南）。陆秀夫任左丞相，与张世杰共同秉政，外筹军旅，内调工役，坚持抵抗。第二年厓山被攻破，陆秀夫手执利剑将妻儿驱入海中，然后自负赵昺投海而死。虽然陆游与陆秀夫都以爱国之举被人称颂，而且都姓陆，但历史上从来没有人提及他们二人之间有什么直系的血亲关系；史书上也明确记载，陆游的祖籍是越州山阴（今浙江绍兴），陆秀夫的祖籍是楚州盐城（今属江苏），两地相距颇远。然而，事隔数百年之后，围绕二人的关系，却在学术界生出一段疑案来。

20世纪60年代，有人从《会稽陆氏族谱》中发现，陆秀夫竟是陆游的后代。据族谱记载，陆秀夫是陆游第六个儿子陆子布的孙子，也就是说，他是陆游的曾孙。族谱称陆子布生有三子，第三子陆元楚从山阴迁居盐城；陆秀夫是陆元楚的幼子，他还有两个哥哥，名陆传道、陆传彦。据载，厓山之役中，陆氏族人随陆秀夫同殉国难的多达十五人。80年代，又有人征集到陆游后人珍藏的《世德堂陆氏家谱》，家谱上也明确记载："陆宗祠老五房历代书名排列共四十八代，……十四世祖，宋太师左丞礼部尚书宝章阁待制封渭南伯——放翁公；……十五世祖，宋通奉大夫淮南东路提刑——思远（子布字）公，……十六世祖，宋朝奉大夫知盐城县事——圣大（元楚字）公，……十七世祖，宋左丞相殉难厓山——君实（秀夫字）公。"在"历代分支"一栏中，又记载："宋渭南伯第六支祖佃父宰子名子布"，后注："字元达，孙即秀夫，宋祥兴二年抱帝昺溺于海，后迁盐城。"

陆秀夫和赵昺

此外，还记载了十五个殉难于厓山的族人。据此看来，陆秀夫是陆游的曾孙，应属证据确凿的事实了。

然而，有一些学者却对上述说法提出异议，理由是：一、龚开所撰《陆君实传》和《宋史·陆秀夫传》，皆不载陆秀夫祖、父名字，史传惯例，祖、父辈若非仕宦或著名之士，不全录，可见陆秀夫祖上为无名之辈；如果他的曾祖是陆游，史传不会不录。二、陆秀夫为宝祐四年（1256）文天祥榜进士，《宝祐四年登科录》明确记载陆秀夫为"二甲二十七名，年十九，曾祖荣，祖大有，父（阙名），本贯淮安州盐城县长建乡长建里，父为户"。其曾祖、祖父、父亲的名字，竟与《会稽陆氏族谱》所载无一相同，不能不令人生疑。又登科录的惯例，总要记载兄弟几人，但陆秀夫的名下，兄弟一栏却是空白，亦启人疑窦。三、按照陆氏族谱、家谱，陆游孙辈排行为"元"，曾孙辈排行为"传"，唯独陆秀夫不在排行之中，实不合情理。四、攀附名人，光宗耀祖是修族谱的惯例，但查考《陆丞相世系考》和《盐城陆氏族谱》，却不载赫赫有名的陆游，而记载了陆荣、陆大有、陆芳春（陆秀夫的父亲）这些平庸无名之人。如果陆游确是盐城陆氏的直系先辈，决不可能如此。五、盐城地处淮海地带，南宋时常有胡骑出没，由盐城迁往南方以免遭战祸是合乎情理的，而《会稽陆氏族谱》载陆元楚由南方迁往盐城，则实在让人难以理解。

显然，陆游与陆秀夫的曾祖孙关系尚不能定论。但陆氏族谱、家谱的记载又是从何而来的呢？这还是值得进一步探索的。

陆游何处“戍轮台”

宋代著名的爱国诗人陆游一生最大的愿望就是为国杀敌立功，甚至晚年病卧在床时，还想着驰骋疆场。他在《十一月四日风雨大作》诗中写道：“僵卧孤村不自哀，尚思为国戍轮台。夜阑卧听风吹雨，铁马冰河入梦来。”一片爱国之心，感人至深。

然而，翻开宋代版图，在赵宋三百二十年的统治时间内，却并没有一个叫“轮台”的地名或建制，那么，陆游愿守的“轮台”在哪儿呢？

早在距今两千多年前的西汉，就有了“轮台”这个地方。当时，我国西域有几十个小国，其中有一个叫“仑头”国，也叫“轮台”国。汉武帝为扩大疆域，派李广利西征，轮台国被汉王朝的军队攻灭。汉朝中央政府就在轮台国旧地设置使者校尉，并在这里屯田。汉武帝晚年颁发的《轮台罪己诏》中的“轮台”就是指这里。以后，轮台并于龟兹（今新疆库车县一带）。

唐贞观十四年（640），唐朝中央政府平定高昌之后在西域天山山脉以北的地区设置庭州，并设四个县归庭州管辖，其中就有轮台县。唐代的轮台县辖区在现在的乌鲁木齐一带，是“取汉轮台之名，实非轮台旧地”。

到唐显庆二年（657），唐王朝的军队平定了西突厥阿史那贺鲁，就析其部落在轮台县附近设置了“轮台州都督府”（为唐羁縻都督府名），任命边疆地区的少数民族首领为“轮台州都督府”的都督，这是唐朝政府在边疆地区设置的地方行政单位。唐贞元年间（785—805），这个轮台归于吐蕃，轮台县的建制就被废止了。

清朝晚期，左宗棠西征收复新疆，并正式建立新疆省。光绪二十八年（1902），清朝政府在新疆南部“轮台”旧地附近重新设置了轮台县，这就是现在我国天山以南的轮台县。确切地说，它位于新疆维吾尔自治区巴音郭楞蒙古自治州西部、天山山脉南麓、塔里木盆地北缘、库车县的东面。

也就是说，历史上曾有汉“轮台”和唐“轮台”之分，在西域，又有南“轮台”和北“轮台”之别，再加上今“轮台”和古“轮台”的不一，同名而异地，今是而昨非，不仅今人容易搞错，就是古人，也不一定弄得清楚。

唐代诗人岑参在天宝年间（742—756）曾两次进入西域戍边，写下大量的边塞诗，其中直接写到“轮台”的就有十多首。如“轮台城头夜吹角，轮台城北旄头落”（《轮台歌奉送封大夫出师西征》）；“交河城边飞鸟绝，轮台路上马蹄滑”（《天山雪歌送萧治归京》）；“奉使按胡俗，平明发轮台；暮投交河城，火山赤崔巍”（《使交河郡，郡在火山脚，其地苦热无雨雪，献封大夫》）等都是著名的诗句，交河城在今吐鲁番。当然，这些“轮台”都应是岑参亲身所在的天山北麓的“轮台”。但是，岑参在《登北庭北楼呈幕中诸公》诗中却写道：“尝读西域传，汉家得轮台。”这就是说，岑参当然清楚他所在的“轮台”始于何时，而故意把天山以北的“轮台”当作西汉李广利西征时得到的“轮台”，将唐“轮台”附会为汉“轮台”，只是为了表达“古来青史谁不见，今见功名胜古人”(《轮台歌奉送封大夫出师西征》)的建功报国的英勇气概而已。

按照今天的地理概念，汉朝的“轮台”在今新疆天山以南，距吐鲁番有一千多里；而唐朝的“轮台”在天山以北，离吐鲁番只有三百来里，两“轮台”不仅时间相差七百多年，之间的距离也有一千五百多里，可谓风马牛不相及。至于南“轮台”和北“轮台”，除了唐朝“轮台”在天山以北之外，其余的汉朝“轮台”、清朝“轮台”以及现在的“轮台”，都在天山以南。因此，南北“轮台”自然也不是一回事。

既然宋朝没有“轮台”这个建制，那么，陆游诗中的“轮台”究竟是指唐“轮台”还是汉“轮台”？李惠兴认为，陆游笔下的“轮台”已经不是一个具体的地名，诗人只是借它来喻指宋金边界，用以表达自己愿意为国戍边的心情。因此，“尚思为国戍轮台”句中的“轮台”显然是作为文学创作中的一个典故，用来借指北方的边疆，是边塞的代名词。

古典诗词中常常牵涉一些地名，大多可以按图索骥去落实其地望所在，但也有不少仅仅作为一个典故，只能从象征意义上去理解其内在含义。

“清 明”何 解

中国绘画史上的瑰宝《清明上河图》卷，是北宋末年画院待诏张择端的作品。图卷真实、全面、细致地描绘了北宋都市生活的各个方面，其内容不但可与宋代文献相印证，而且还提供了许多文字无法描述的形象资料，因而对了解和研究当时的经济、文化、建筑、交通、服饰、民间习俗等，具有重要的价值。此图的艺术手法也十分高超，横向的全景式构图，将极其繁复的场景处理得有条不紊，严密紧凑，笔法精细谨严，设色清淡典雅，人物生动传神，器物细致逼真。作为举世闻名的风俗画佳作，此图的历史价值与艺术价值是为世人一致公认的。然而对其图名，尤其是“清明”一词的含义，学术界却颇有争议。“清明”一词最早见于金代张著的题跋，张著引《向氏评论图画记》称，张择端作有《清明上河图》和《西湖争标图》，于是其图名便确定下来。有关“清明”的解释，大致有三种不同的意见。

一种意见认为，“清明”是指清明节。明代李日华《味水轩日记》称，此图有宋徽宗的题诗，诗中有“如在上河春”一句，故所画为春天景色。近现代许多学者也沿袭了这一说法，认为图中描绘的是汴京城郊人民在清明时节所进行的扫墓、踏青、探亲等种种活动。

另一种意见认为，“清明”是指汴京城中的“清明坊”，因而图中所绘的是清明坊到汴河口这一地段的繁华热闹场面。持这一意见的人，还对“清明时节”之说加以辩驳，提出许多疑问。如画面上有驮着木炭的驴队；农家短篱内长着像茄子一类的作物；赵太丞家门口垂柳枝叶茂盛；一些人物光着膀子，拿着扇子；有些儿童光着上身在街头嬉戏；岸边、桥上有几处摊子上放着切好的西瓜；临河的一家酒店，在条子旗上写着“新酒”二字。凡此种种，都不可能是清明时节应有的现象。从画面分析，似乎理解为中秋节前后的景色更为合理。

上述两种意见都有所依据，且言之成理，但又都有不足之处。据宋代文献记载，清明节前后，汴京居民家家禁断烟火，门插柳条，并蜂拥出城扫墓踏青，以致出现“阗塞诸门”“四野如市”的景象。人们在郊外歌舞宴饮，尽情游玩，直至日暮才回城。《清明上河图》作为一幅风俗画，却没有表现出清明时节特有的风俗，这是持“清明时节”说者难以解释的。而持“清明坊”之说的人，也未能在画面上找到可资佐证的有力根据。于是，又有人提出第三种说法，认为“清明”既非节令，亦非地名，而是古代用以称颂“太平盛世”的代词。如《诗经·大雅·大明》即有“肆伐大商，会朝清明”之句，故其图名实含“承平”“太平”的寓意。从历史上看，宋徽宗时，朝廷确实有大肆鼓吹“歌舞升平”的事实，身为皇家御用画院待诏的张择端，创作此图以迎合皇帝的心意，是很有可能的。距北宋较近的金代人题跋，也称：“当日翰林呈画本，升平风物正堪传。”似乎点明了此图的主题在于表现当时的承平风物。从各个方面加以分析，应该说，第三种意见是很有说服力的。不过，此说的前提是承认该画作于徽宗时期，而《清明上河图》的创作时间还未有确论。

看来，在《清明上河图》有关“清明”二字的解释还未有定论以前，与其将此图所描绘的景象局限于某一特定的时间或空间来理解，还不如将其视作是北宋一般的都市生活的典型写照。

张择端何时绘名画

张择端的姓名籍贯、生平事迹画史无传。关于他的生平记载，见金代张著在《清明上河图》上的题跋："翰林张择端，字正道，东武人（今山东诸城）也。幼读书，游学于京师。后习绘事，……尤嗜于舟车市桥郭径，别成家数也。"由此可知，张择端为诸城人，曾在画院中任翰林待诏之职。

由于张择端生卒年无从考察，《清明上河图》究竟画于什么时代也无从肯定。关于画作时间，历来有北宋、南宋两说。

从卷后的诗跋看，金、元人都认为画在北宋末年。如张公药诗："通衢车马正喧阗，只是宣和第几年。当日翰林呈画本，升平风物正堪传。"张世积诗："繁华梦断两桥空，唯有悠悠汴水东。谁识当年图画日，万家帘幕翠烟中。"元人杨准、李祁跋则更明确，如杨氏指出："卷前有徽庙（徽宗赵佶）标题……意是图脱稿，曾几何时，而向之承平故态，已索然荒烟野草之不胜其感矣……而是图独沦落至今，逾二百年而未甚弊坏，岂有数耶？"李氏认定"静山周氏文府所藏《清明上河图》，乃故宋宣、政间名笔也"。而明李东阳跋语中还提到了"卷首有祐陵瘦筋五字签，及双龙小印"。但李东阳的跋和他所见宋徽宗的瘦金体标题均早亡失，无可指证。

而认为画作于南宋的，多见于明以后人的笔记，如明代詹景凤《东图玄览篇》说：“《清明上河图》，本南宋院人张择端画。”董其昌《画禅室随笔》：“南宋时追摹汴京景物。有西方美人之思。”清孙承泽《庚子消夏记》：“《上河图》乃南宋人追忆故京之盛而写清明繁盛之景也。”

为什么元以前、明以后的人形成截然不同的两种观点，没有人知道真正的原因。当代一些书画鉴赏家们以为，金元离北宋更近，其时人们所说的话也就比明清人士可信度更高。所以《清明上河图》应该是在北宋宣和、政和年间画的。至于为什么明清人认为图画于南宋，则有人推测是由于当时很多人并没有看到过《清明上河图》，仅仅以张择端在南宋时画过《西湖争标图》为依据，得出《清明上河图》也是南宋时所画的结论。令人不解的是，像张择端这样的伟大画家，为何未被时人载入史册，以至于留给后人如此难解之谜？

《清明上河图》真迹何在

宋张择端的风俗画长卷《清明上河图》，是我国画坛杰作。自从它问世以来，描摹仿绘者代不乏人，据统计，现存《清明上河图》有30多本，其中中国大陆藏10余本，中国台湾藏9本，美国藏5本，法国藏4本，英国和日本各藏1本。多本《清明上河图》鱼龙混杂，难识庐山真面目。究竟哪一本是张择端的真迹？学术界经过长期探讨，目标已集中在分别收藏于台湾、北京和美国的3本《清明上河图》上。

台湾刘渊临认为，收藏于台北故宫博物院的《清明易简图》有“绝对的时代性与历史性”，上有张择端的亲笔题款“翰林画史臣张择端进呈”，因而是《清明上河图》“道地的真本”。郑振铎、徐邦达认为，现北京故宫博物院珍藏的《清明上河图》，从宋至今流传有绪，题跋、印鉴历历可数，又具有浓郁的北宋画风，应是张择端的真迹。而董作宾则认为，美国收藏的“元秘府本”《清明上河图》，有北宋宣和年间的特殊事物，根据瘦金体题跋可知，该图是“宣和二年（1120）七月”之前进献君王的张择端真迹。以上三说皆有依据，究竟哪一说符合历史事实呢？

开封孔庆赞认为，澄清这一问题的关键，在于追溯《清明上河图》别本产生的初始情况，方能阐幽发微，还其历史本来面目。据文献资

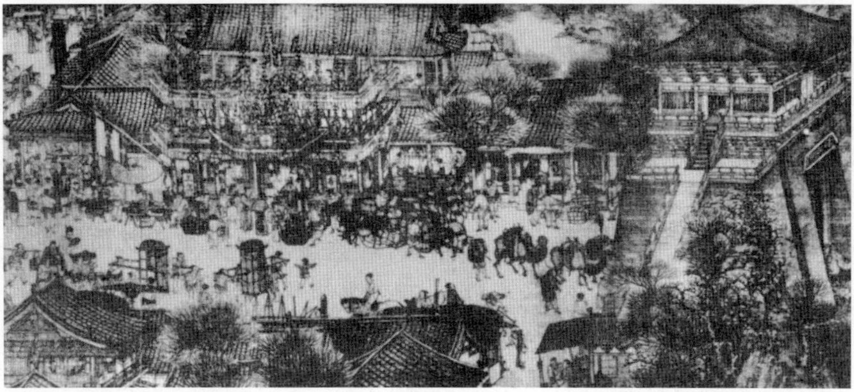

● 汴京景象（［宋］张择端《清明上河图》局部）

料分析,《清明上河图》别本最初发现于元代，当时已有“秘府本”以及与秘府本相似的“似本”两幅。到了明代，又有被张英公收藏的“稿本”。三者之中，何者是张择端真迹，何者是赝品？答案是“似本”是元代的作品。理由十分明确：元至正十二年（1352）杨准在他著名的《清明上河图》跋文中称，“图初留秘府，后为官匠装池者以似本易去”，显然“似本”是赝品无疑。

“秘府本”“似本”“稿本”三者的真伪清楚了，但如何与传世的三个本子对号呢？首先，台湾所藏《清明易简图》，不会是“稿本”。沈德潜《清明易简图疏解》中记：“张择端清明画图，本有二幅，一在张英公家者，名《上河图》，有张著跋；一留汴京者，无跋，意即《易简图》也。”这里，沈氏已明确告诉人们,《清明易简图》是张英公所收藏的“稿本”之外的另一本《清明上河图》。《易简图》也不可能是“秘府本”。钱谦益《牧斋初学记》卷八称，秘府本一度为严嵩占为己有，严氏籍没后，珍宝图书尽输入大内。一小内臣窃去此画，藏于御沟石罅中，时逢大雨骤涨淹没石罅，连着二日三夜不歇，大雨过后，再去寻找，已糜烂不可复理。由此可知，“秘府本”早已失传。那么《清明易简图》只能是“似本”了，这也并非凭空推测，元人苏舜举在元贞元年（1295）首跋《清明易简图》时，开宗明义写道：“清明易简新图成。”时间十分明确。图中还可见一些元代事物，如元代独有的官方文化机构所在地“奎章阁”；黄道婆引发棉纺业技术革命后才传到北方的“吴淞细密花布”等。图中还有“以板为舆，无轮箱而陆曳者”的场景，有“驱牛种田者”的画面，这在其他传世本中均无，因而可以断定《清明易简图》必是糜烂不存的“秘府本”的“似本”。虽是赝品，但从元传到今，“秘府本”又已不存，因而“似本”现也弥足珍贵。

“秘府本”与“似本”均有了着落，那么“稿本”究竟在美国还是在北京呢？许多学人倾向于北京故宫藏画为宋代“稿本”，除了题跋、藏印、画风等证据外，还有一个有力的佐证：王世贞《弇州山人四部稿续稿》卷一六八《清明上河图别本跋》一文中载，张择端的“稿本”，“于禁烟光景（清明寒食，民俗禁烟）亦不似”，这与故宫藏画出现的新酒、扇子、西瓜、光身儿童、遮阳草帽等显然是秋景的画面一致，此乃张择端的早期手笔。故宫藏画既是“稿本”，那么美国收藏的“元秘府本”就不会是张择端的真迹，它是《清明上河图》的晚期别本。

《清明上河图》的历史文献价值是世所公认的，因此，它的真迹的庐山真面目，也就成了举世关心的问题。

《雪景寒林图》作者之疑

署名范宽的宋代名画《雪景寒林图》，是一件三拼绢本的大幅山水立轴，纵 193.5 厘米，横 160.3 厘米，现藏天津博物馆。

这幅作品气势恢弘，景色苍润，描绘细腻，既真实反映出秦陇山水的雄浑险峻，又成功表现了关中地区严冬季节里的沉静安谧，情景交融，撼人心魄。由于画作与范宽擅长的题材吻合，又在近些年发现画面的一棵老树干上有“臣范宽制”落款，自“文革”期间入藏天津博物馆后，一直被视为镇馆之宝。20 世纪 80 年代对范宽作品研究进一步深入后，有人对画的作者提出了质疑。其中著名的书画鉴赏大家启功指出：“画是宋画这一点是没有问题的，但落款‘范宽’是伪作。”他在《鉴定书画二三例》一文谈到古画名款问题时，特别提到此画“山头密林丛郁，确是范宽画法。三拼绢幅，更不是宋以后画所有的。宋人画多半无款，这也是文物鉴赏方面的常识。但这幅画中一棵大树干上不知何时何人写上‘臣范宽制’四个字，便成画蛇添足了”。

宋人郭若虚《图画见闻志》载，范宽字中立。以其性宽所以当时人称他为“范宽”，由此可见，“宽”是他的一个诨号。启功认为，既然“宽”是诨号，就不能当作落款名。就此他作了一个很诙谐的比喻，说这“正如舞台上的包拯，都化装成黑脸，小说中便有‘包黑’的诨号。有农村说书人讲包拯故事，说到他见皇帝时，自称‘臣包黑见驾’，这事早已传为笑谈”。并明白表示：“如不提到款字，只看作品的风格，我倒可以承认它是范宽，如以款字为根据，那便与‘臣包黑见驾’同一逻辑了。”

启功的评论，就此掀起了关于此画出自谁手的争论，学界逐渐形成了三种观点。

一、《雪景寒林图》是范宽所作。坚持这一观点的人们认为，虽然与传世的范宽真迹《溪山行旅图》《雪山萧寺图》等相比较，《雪景寒林图》用笔较苍润，皴擦多于渲染，山石方圆相兼，而缺乏“笔力坚劲老健”“折落有势”的范宽用笔神质，但这只是画家早、中、晚期用笔变化的结果。《雪景寒林图》应该是范宽晚年的作品！理由有三：其一，按一般规律，一般画家的晚年作品都要比早年时温和，此幅用笔的略显圆而中，正体现了这种规律；其二，宋人米芾《画史》记载范宽作品的特征是“晚年用墨太多，土石不分”。画面上也反映出了这一点；其三，宋人刘道醇在《圣朝名画评》中论范宽作品时，明确指出存在着“树根浮浅，平远多峻”的缺点，而从此幅布局看，近处几棵树，置身小堆浅浮的土石中，远方平远之地，呈现险峰峻岭态势，与刘道醇所述也恰好一致。论罢画的风格问题，他们又对落款作了阐述，认为画的题款没什么可质疑之处。首先，无论是《图画见闻志》还是《画史》，在提到范宽时，都称其名宽。如《图画见闻志》卷一《论三家山水》“画山水唯营丘李成、长安关同、华原范宽”；卷四纪真条“纪真……学范宽逼真”等。可见范宽的“宽”字就是其名，而非后人所认为的“诨号”。通过顺藤摸瓜，他们找出“宽”由范宽正名演化为诨号，是以讹传讹的结果。在《图画见闻志》卷四写范宽条正文时曰“范宽，字中立，华原人，工画山水”，并没有说“宽”不是其名，只是在末尾处，加了一个小注释：“或云，名中立，以其性宽，故人呼为范宽也。”但到了元人夏文彦《图绘宝鉴》中，变成了“范宽（一作中正），字中立……性温厚……有大度，人故以宽名之”。而元人汤垕《画鉴》中，更描述成“范宽，字中立，以其豁达大度，人故以宽名之”。可以说“宽”是范宽的诨号当属误传。既然“宽”是范宽的名，落款也就没什么可非议了。其次，他们提出的最为有力的证据是，近年中国台湾学者在公认范宽的传世真迹《溪山行旅图》上也发现了“范宽”的款字（参见《艺苑掇英》第十五期）。这就足以证明《雪景寒林图》上“范宽”的款字不是孤立的、伪作的。此款之所以未被以往收藏家们发现，只是因为落款与画的墨色相同，又写在不引人注意的树干上，年深日久难以辨认。再者，落款书在边角、山石、树干等隐晦的地方，正是宋代画家所惯用的。总而

《溪山行旅图》

言之,《雪景寒林图》出自范宽之手，落款亦为范宽所为。

二、《雪景寒林图》为范宽作品，但落款为伪托。持这一派观点的人有如下理由：范宽是一位在野的民间画家，一生没有入仕，也未以绘画侍奉过宫廷，以“臣”自谓就有些令人难以理解了。在作品名款前署“臣”字，一般是画家为表示该品系专为皇帝而作，才特意书写的（见聂崇正《谈清代“臣”字款绘画》)。范宽与宫廷没什么关系，姓名前也没有署“臣”的道理。就算是署“臣”字款，也不应署在一个不能被轻易发现的地方，而该大大方方，不隐不显。传世落有“臣”字款的北宋梁师闵《芦汀密雪》，南宋马远《松下闲吟》、马麟《静听松风》都是这样。仔细观察可以发现，款字墨色与图画墨色略有差别，款字的书法也不算高明，字的笔画恰好与树干的皴笔相谬错，显得极不协调，应该是事前没有经过周密考虑而勉强加款造成的。还有一点，清代鉴藏家安岐在所著《墨缘汇观》中没有记载此款，也是一种很费解的事。据史料记载，安岐很珍爱《雪景寒林图》，视其“宋画中当为无上神品”。而以其“每至把玩，如逢至契，日终不倦，几忘餐饮”的入迷程度，似乎不可能发现不了署款。安岐没有在《墨缘汇观》中记载此款，只有两种可能：要么是他发现了此款，但对之持怀疑态度，故不予著录说明；要么是该图在安岐收藏时还没有款，在流出他家后才被伪托上的。不论属于哪种情况，可以肯定的是落款非范宽所为。

三、《雪景寒林图》不是范宽手笔。这派人士认为：从风格上看，此图画面的总体气势、物象形态以及笔墨特征，与范宽的传世真迹有明显差异。对照画迹分析比较，范宽笔下的山川山形险逼而折落有势，石貌奇岖而如奔如突，轮廓方硬清晰，皴笔密点攒粗，严整坚凝；骨理最胜。而《雪景寒林图》虽然也是寒柯丛密，皴如雨点，其势丰满浩莽，俨然范派之风，但却沉郁浑穆之感有余而刚古雄强之气不足，几乎令人感觉不出范宽那种“外露筋骨”的“抢笔”作风。大面积的淡墨晕染，用笔偏于圆而中也不能认定是范氏晚年作品风格变化所致。从《画史》记载看，范宽晚年画风是“用墨太多，土石不分”，以致“深暗如暮夜晦暝”。全然不是此图所表现的那种风情。可见《雪景寒林图》只能是与范氏出于一派，而非出于一手。仿范宽逼真者多，也使此图的真实性大打折扣。

从文献记载看，由于范宽山水画一直在北宋前期画坛占支配地位，许多画家趋附其名下，以摹仿其为能事。宋代画家郭熙在《林泉高致·山水训》中，对摹仿范画之风泛滥的情形作了如下描述：“今……关陕之士，惟摹范宽，一己之学，犹为蹈袭，况齐鲁关陕辐员数千里，州州县县，人人作之哉！”在摹仿者中，颇有一些学范宽学得惟妙惟肖者，像黄怀玉、纪真、高训等。特别是黄怀玉，“学范宽逼真”是出了名的。刘道醇《圣朝名画评》称他“学范中正画山水，颇得其格”，“有范生之风”。元汤垕《画鉴》也承认：“（黄）怀玉刻意临摹其雪山，遇得意处，浅深未易断也。”实际上，他的画常被收藏家误认为是范宽的手笔加以珍藏。除了前述那些人，北宋后期还有一些也很优秀的模仿家，像刘翼就达到了“学范宽而有自得处，不知者以为宽笔”（宋邓椿《画继》）。直到南宋，托名范宽的赝品还不时出现。可见对范宽作品的判定是一定要慎之又慎的。

从另一个角度看，北宋一流的鉴赏家、收藏家、美术史论家刘道醇、米芾等生活的时代，距范宽在世不过几十年时间，可他们对范宽画作都持审慎态度，不轻易相信，足以说明当时托范宽之名的伪品数量太多，模仿得酷肖者亦不在少数。事实表明，如今被认为真正属于范宽名下的作品已经所剩无几。

此派人士虽然否定《雪景寒林图》为范宽手笔，但不否定这是一幅被人托名的范宽一派中较为出色的宋代山水画作品。

《耕织图》传世之谜

《耕织图》是描写封建时代水稻耕种和丝麻生产过程的图画，是古代一种比较固定的绘画形式，它将食与衣两大生产系统的详细生产过程按步骤一一图绘并阐述。中国历史上《耕织图》见于著录的，当以南宋楼璹所作为最早。楼璹，字寿玉，又字国器，鄞县（今浙江宁波）人。据其侄楼钥《攻媿集》记载，南宋绍兴年间，楼璹“时为临安于潜令，笃意民事，慨念农夫蚕妇之作苦，究访始末，为耕织二图。耕，自浸种以至入仓，凡二十一事；织，自浴蚕以至剪帛，凡二十四事。事为之图，系以五言诗一章，章八句，农桑之务，曲尽情形。虽四方习俗间有不同，其大略不外于此。”可见楼璹作图，不只是为了形象地表现“桑蚕之事始末”，更重要的是要让统治者知道“稼穑之艰难”。楼璹这幅《耕织图》后来进献给了宋高宗。由于受到高宗欣赏，楼璹及其图被“蒙玉音嘉奖，宣示后宫，书姓名屏间”。南宋嘉定三年（1210），楼璹的后人刻图于石，以期永远保存。可惜楼璹的《耕织图》还是亡失了。这幅最早的《耕织图》成了后世众多此类题材作品的滥觞和范例。

继楼璹《耕织图》之后，排第二位的可能是南宋刘松年《耕织图》本子了。刘松年，钱塘（今浙江杭州）人，南宋画坛四大家（另三位是李唐、马远和夏圭）之一，绍熙年间（1190—1194）任画院待诏，擅长山水、人物。宁宗时，他献所作《耕织图》于皇帝，受“赐金带”殊荣。

刘松年《耕织图》献给宁宗后如石沉大海，鲜有人知道其下落，也少有人记载。清乾隆年间（1736—1795），蒋溥进献朝廷一卷落款“刘松年”的《蚕织图》，刘氏《耕织图》一事才被提了出来。从蒋氏所进看，此《蚕织图》的构图形式与《耕织图》相似，图上共绘二十四事，在每一事空白处，有小篆体楼璹之诗，图尾落款“松年笔”，其后有元、明诸家题跋。其中元人赵子俊的跋语中，有“《耕织图》二卷乃程氏旧藏，每节小篆皆随斋（即程棨）手题”的记录，由此可知此图来龙去脉。由于此卷落款是“松年”，蒋溥推测此图是刘松年真迹而呈献朝廷了。这就引出一个问题，众所周知，程棨曾临摹过《耕织图》，历来都认为他所临摹的是楼璹本，可见程家收藏的应该是楼氏《耕织图》。这里怎么会变成刘松年的了呢？总不至于楼、刘二本都经程棨所藏吧。对此问题，尚需考察确定。

清高宗（乾隆皇帝）得到蒋溥所献《蚕织图》后，深信为刘松年笔迹，藏于御书房，并收录在《石渠宝笈》中。可到了乾隆三十四年（1769），又有人进呈一卷“耕图”，与蒋溥《蚕织图》相比，“纸幅长短画篆体格悉无弗合”。卷后有元人姚式题跋，称：“《耕织图》二卷，文简程公（即南宋著名学者程大昌）曾孙棨仪甫绘而篆之。”这就明白地告诉人们，此图是程棨绘的。乾隆将两幅图放在一起认真观察考证后，最终得出结论，两幅应是元代程棨按楼璹本临摹的一套《耕织图》。图上的刘松年署款和绍兴印记当是后人所加。这一观点已经乾隆皇帝录入题跋中。虽然如此，此套元人《耕织图》依然受到重视。乾隆在“耕图”上题跋后，将两卷放置一盒，一并收藏于圆明园贵织山堂，并命画院双钩临摹刻石，陈列于多稼轩。

1860年，英法联军火烧圆明园，名园文物同遭浩劫，程棨摹本《耕织图》卷被掠夺，现藏美国华盛顿的佛利尔美术馆。1973年该馆出版托马斯·劳顿所编《中国人物画》一书的记事画篇，就收录了程氏此图，还附耕图、织图各两幅，并说明其为“水墨设色的纸本卷轴画，尺寸分别是32.6厘米 ×1034厘米和31.9厘米 ×1249.3厘米，耕图二十一幅，织图二十四幅，各有标题及五言诗一首；诗用篆书，旁配较小的楷书”。这为我们研究古代的《耕织图》提供了一些资料。

依据程本摹刻的刻石一部分被毁，幸存下来的部分在民国初年被徐世昌攫为己有，镶嵌在私宅花园墙壁上。1960年，残存下来的这部分《耕织图》刻石入藏中国历史博物馆。可惜只有“耕图”部分的“浸种”“耕”“耙”“播秧”等十三图和“织图”部分的“下蚕”“采桑”等七图。

按照图上题跋，收进清宫的《耕织图》是程棨仿楼璹的摹本没什么疑问了。那么，刘松年的本子哪里去了呢？是乾隆皇帝认定的已经亡失，还是依然有存在的可能呢？

很多人坚持认为刘本尚存。因为清初人吴其贞在所著《书画记》中记载，他本人曾见过三种被认为是刘松年画的《耕织图》，一卷在屯溪程隐之肆中，一卷在其堂兄仲坚处，另一卷则在休宁县榆村程怡之家中。在程怡之家中看到的这本，被他评为“色新法健，不工不简，草草而成，多有笔趣”，“识四字曰刘松年笔”，认为是刘松年的真迹。其次，《东图玄览》一书也载“余杭方相卿家藏有刘本《耕织图》”。况且清宫收藏的《蚕织图》本上有刘松年笔款的。没有见到原迹，怎么能认定清高宗的判断是正确的（乾隆皇帝误断书画真伪之事多有）？还有一个可以说明刘本传世的现象：皖浙一带流传的刘氏本或刘氏摹本很多。如果没有刘氏真迹传世，仅仅为了伪作，假托更有影响、更有价值的楼琫祖本不是更好么？刘松年《耕织图》是否传世，传于何处，哪一本为真，至今仍然是个谜案。

《耕织图》的历代摹本、刻本总计不下几十种，其中楼琫一幅由于最早，选材和表现手法很有长处，对后世影响最大，临摹、翻刻的也最多。见于著录的有前述元代程棨摹本；明万历《便民图纂》刊本；日本延宝四年（1676）狩野永纳翻刻的天顺刻本；清康熙三十五年（1696）焦秉贞奉圣祖之命，据楼琫图改绘《耕织图》。焦氏图中，“耕图”部分增加了“初秧”“祭神”二图，“织图”部分删去“下蚕”“喂蚕”和“一眠”三图，而增加了“染色”“成衣”二图，图的顺序与楼图也不同。这幅《耕织图》被收录于《石渠宝笈》，并于康熙五十一年刻石，影响很大。《耕织图》在其他艺术门类中都有所移植，如故宫藏“康熙五彩耕织图”纹瓶、御制“耕织图”墨、“青花耕织图大碗”皆摹自焦秉贞《耕织图》。此外，乾隆时冷枚、陈枚等也绘过《耕织图》。

而今《耕织图》实物已经极为少见，尤其完整的《耕织图》几乎没有了。这不仅令画史研究者遗憾，更令研究古代农业的学者遗憾。

难觅踪影的定窑宋鼎

《明代瓷都轶闻》《韵石斋笔谈》记载了真假定窑鼎故事。

据说，真定窑鼎是仿三代铜方鼎形制于宋代烧制成功的。在瓷工精心计划下，瓷鼎不但器形古朴典雅，且胎质细腻洁白，釉色白中闪黄，温润如玉，深受喜爱。

此鼎之所以受到青睐，是因其为定窑佳作。

定窑在今河北省曲阳县涧磁村及东西燕山村，曲阳县宋代属定州，故名。定窑是宋代五大著名瓷窑（其余为汝窑、官窑、哥窑和钧窑）之一，烧瓷始于唐代，盛于北宋，衰于元以降。定窑瓷器品种有白瓷、青瓷、黑瓷、彩瓷及绿瓷，以白瓷为主，有碗、盘、杯、碟、盏、盏托、渣斗、盆、洗、瓶、壶、罐、炉、枕等。许多器外壁有薄层垂釉，形如“泪痕”。碗、盘多为“芒口”（口边无釉）。由于北宋定窑所烧的紫瓷、黑瓷很少，遂有“紫定、黑定高于白定”之说。

北宋时期的定窑精品主要供奉皇家，后来汝窑产品受到皇室青睐，定窑精瓷才转而供应富豪贵族。现知代表性的定窑作品有：故宫藏白釉孩儿枕、河北定县北宋塔墓的出土百余件定窑白瓷、河北曲阳宋墓出土的定窑白釉印花龙纹碗、南京明墓出土的定窑白釉刻花梅瓶等。定窑产品失宠后，服务对象虽变了，生产精瓷依旧，因而不乏精品。

本文所述这件已佚定窑宋鼎即其中一例。

此鼎宋元两代的承传经过不见记载。明成化、弘治年间（1465—1505），河北曲阳河庄一孙姓富豪于偶然间获得宝鼎，欣喜之余，视鼎若珍宝，倍加爱惜。嘉靖时（1522—1566），孙氏家道中落，只好售鼎换钱。不久，鼎流落到京口（今江苏镇江），为久慕此鼎大名的毗陵人唐凝庵重金购得。

当时，吴门（今苏州）周丹泉，擅仿制古瓷。他特到唐家拜访，希望看鼎。唐凝庵盛情难却，出鼎让他观摩。未料半年后，周丹泉再次来到唐家，拿出一只与真鼎相差无异的仿制品。唐凝庵非常佩服周的记忆力和工艺水平，以四十两银子买下仿鼎，收藏起来。万历（1573—1620）末年，淮安富商杜九如意欲得鼎，怀揣千两银子到唐府。时唐凝庵已去世，四世孙唐君俞耐不住杜的软磨硬泡，就把仿鼎拿出来给他看。杜以为这就是定窑瓷鼎，执意用千两银子买下。后唐家觉得于心不忍，将真相告诉了他。杜九如虽知真相，还是把仿制器收藏起来。杜死后，其子将家产挥霍一空，徽州古董商王廷珸乘机以八百两银子买下杜氏藏鼎。

王廷珸买鼎并非收藏，而是另有企图。他到处吹嘘藏有定窑瓷鼎，同时准备把收罗到的九件仿定窑方鼎、圆鼎卖出，以获暴利。后来，他的丑行败露，为逃避惩罚，逃到杭州。当时明宗室潞王朱常淓流寓杭州，听说定鼎还在，派门客寻访王廷珸。王遂出假鼎夸耀，经讨价还价，潞王以二千两银子买下。

清兵攻入杭州时，潞王侍从沉仿鼎于钱塘江中。时至今日，真假定窑鼎均已下落不明，成了文物之谜。据说今故宫博物院收藏的明德化窑白釉兽面纹四足方鼎，就是一种仿制品。

● 定窑孩儿瓷枕

算盘产生于何时

中国是算盘的故乡，在计算机已被普遍使用的今天，古老的算盘不仅没有被废弃，反而因它的灵便、准确等优点，在许多国家方兴未艾。因此，人们往往把算盘的发明与中国古代四大发明相提并论，认为算盘也是中华民族对人类的一大贡献。然而，中国是什么时候开始有算盘的呢？从清代起，就有许多算学家对这一问题进行了研究，日本的学者也对此投入不少精力。由于缺少足够的证据，算盘的起源问题直至今天仍是众说纷纭，莫衷一是。归纳起来，主要有三说。

一是清代数学家梅启照等主张的东汉、南北朝说。其依据是，东汉数学家徐岳写过一部《数术记遗》，其中著录了十四种算法，第十三种即称“珠算”，并说：“珠算，控带四时，经纬三才。”后来，北周数学家甄鸾对这段文字作了注释，称：“刻板为三分，其上下二分以停游珠，中间一分以定算位。位各五珠，上一珠与下四珠色别，其上别色之珠当五，其下四珠，珠各当一。至下四珠所领，故云‘控带四时’。其珠游于三方之中，故云‘经纬三才’也。”这些文字，被认为是最早关于珠算的记载。但是一些学者认为，此书描写的珠算，充其量不过是一种记数工具或者只能作加减法的简单算板，与后来出现的珠算，不能同日而语。

二是清代学者钱大昕等主张的元明说，即算盘出现在元朝中叶，到元末明初已普遍使用。元代陶宗仪《南村辍耕录》卷二十九《井珠》引当时谚语形容奴仆说：“凡纳婢仆，初来时曰擂盘珠，言不拨自动；稍久，曰算盘珠，言拨之则动；既久，曰佛顶珠，言终日凝然，虽拨亦不动。”后人称此为“三珠戏语”。把老资格的奴婢比作算盘珠，拨一拨动一动，说明当时的算盘已很普及。宋末元初人刘因的《静穆先生文集》中有一首以《算盘》为题的五言绝句：“不作翁商舞，休停饼氏歌。执筹仍蔽簏，辛苦欲如何。”这也是算盘在元代出现的明证。至于明朝，永乐年间（1403—1424）编的《鲁班经》中，已有制造算盘的规格、尺寸，还出现了徐心鲁《盘珠算法》、程大位《直指算法统宗》等介绍珠算用法的著作，因此算盘在明代已被广泛使用，这是毫无疑问的了。

随着新史料的发现，又形成了算盘起源于唐朝、流行于宋朝的第三说。其依据是：一、宋代名画《清明上河图》中，画有一家药铺，其正面柜台上赫然放有一架算盘，经中日两国珠算专家将画面摄影放大，确认画中之物是与现代使用算盘形制类似的串档算盘。二、1921年在河北巨鹿县曾挖掘到一颗出于宋人故宅的木制算盘珠，已被水土淹没八百年，但仍可见其为鼓形，中间有孔，与现代算珠毫无两样。三、刘因是宋末元初人，他的《算盘》诗，与其说是描写元代的事物，还不如说是宋代事物的反映更为确切。同样，陶宗仪的“三珠戏语”所见元人谚语中已有算盘珠之说，也反映出“是法盛行于宋矣”（《四库全书总目提要》“算法统宗”条）。四、元初的蒙学课本《新编相对四言》中，有一幅九档的算盘图，既然在元初已为训蒙内容，可见已是寻常之物，它的出现，至少可上推到宋代。此外，宋代的算盘从形制看已较成熟，没有新生事物常有的那种笨拙或粗糙。因此，较多的算学家认为，算盘的诞生还可上推到唐代。因为宋以前的五代十国时期战乱不断，科技文化的发展较为滞缓，算盘诞生于此时的可能性较小。而唐代是中国历史上的盛世，经济文化都较发达，需要有新的计算工具，使用了两千年的筹算在此时演变为珠算，算盘在这时被发明，是极有可能的。

算盘是中华民族宝贵的文化遗产，有关它的起源却争论了上百年，无法统一。但愿有更多的有志者投入进一步的探索与研究，早日得出科学的结论，以告慰于古人，无愧于后代。

中原何时有西瓜

西瓜是中国人民最喜欢食用的瓜果之一，但是中国人什么时候开始有此口福，换言之，即中国中原地区是何时引进西瓜的，说法还真不少。

最早记载“西瓜”一词的，是北宋史学家欧阳修的《新五代史·四夷附录》，其中叙述了五代时后晋的胡峤在辽国食西瓜的情况：“入平川，多草木，始食西瓜。云契丹破回纥得此种，以牛粪覆棚而种，大如中国冬瓜而味甘。”有人据此认为，西瓜是五代时由胡峤从辽国带入中原的。不过，此说忽略了一些事实，即欧阳修只记载了胡峤在契丹食西瓜的情况，并非说他把西瓜带归中原种植。况且胡峤当时是“亡归”中原，逃命还来不及，哪里还顾得上带西瓜种回中原呢？另外，值得注意的是，在胡峤回中原后的很长一段时期内，有关史籍中都不见有西瓜的记载。如撰于北宋太宗太平兴国年间（976—984）的大型类书《太平御览》，其中详细记载了各种瓜果的名称和特征，然不见有西瓜之名。又如，作于南宋初年的《东京梦华录》，在回忆都城汴京不同时节的各种瓜果时，亦未提及西瓜。这说明当时中原地区还没有西瓜。

南宋的洪皓在高宗建炎三年（1129）奉命使金，被扣留十余年之久，至绍兴十二年（1142）始释放归国。后著《松漠纪闻》，详细记载了他在金国的经历、见闻，其中记载说他曾食西瓜：“西瓜形如扁蒲而圆，色极青翠，经岁则变黄。其瓞类甜瓜，味甘脆，中有汁，尤冷。《五代史·四夷附录》云以牛粪覆棚种之。予携以归，今禁圃乡囿皆有。”洪皓去世后，其后人为其撰行状言西瓜是由洪皓从金国带入中原的。

洪皓回归中原之后不久，中原地区种植西瓜的记载开始出现了。如南宋诗人范成大就有《西瓜园》一诗，云：“碧蔓凌霜卧软沙，年来处处食西瓜。形模濩落淡如水，未可蒲萄苜蓿夸。”此外，据考证似作于南宋宁宗时期的《西湖老人繁胜录》一书中，有“西瓜仁”一词，南宋末年文天祥也有《西瓜吟》一诗。总体看来，洪皓回中原后的一段历史时期内，有关西瓜的记载不能说很多，而且详载南宋都城杭州风土人情、物产的《梦粱录》《武林旧事》等书中仍不见有西瓜的记载。但比之以前仅《新五代史》中所记载的一例来说，毕竟有了很大变化。据此，似乎可以说，西瓜确是在南宋绍兴年间（1131—1162）由洪皓从金国带入中原的。

然而，学界还是有不同的说法，如有人说，从确切的资料看西瓜传入内地，当溯源于汉代。不过，西瓜虽然内传时间很早，但在黄河上下、长江南北大量种植还是在12世纪前后，即北宋末、南宋初。有人则推测说，我国栽培西瓜可能始于秦、汉之际。也有人认为，在西汉武帝时期曾派海船远航达“已程不国”，当时中非交通的途径已打开，因此，西瓜很可能是汉武帝时由“海上丝绸之路”传来的。还有人认为，西瓜原生于非洲，是通过“丝绸之路”传至新疆，后又由新疆传入我国内地。说法虽多，遗憾的是均缺乏确凿的证据。

20世纪50年代后期曾有报道，在浙江杭州水田畈新石器时代遗址中发现“西瓜籽”。后来该遗址的发掘报告中也明确说有“西瓜籽”。如果该资料确凿可信的话，那么我国广义上的西瓜种植史，已有四五千年以上。不过此仅一例，尚属孤证，在学术界也有不同看法。后来又有人撰文，认为所谓的史前西瓜种子，其实只是葫芦或瓠瓜（夜开花）种子。

西瓜究竟何时根植于中原大地？爱食西瓜的人们大可去探索一番。

《铁函心史》话真伪

明崇祯十一年（1638）冬季的一天，苏州承平寺的一个僧人达始在淘挖枯井时，意外地捞到一件东西。起初，他以为是块砖，洗净一看，原来是个密封的铁函，他不敢打开，把它放在佛龛上。好奇的人们议论纷纷，都想一睹为快。于是，铁函在众目睽睽下被打开，里面装满石灰，石灰中又藏有一锡匣，锡匣用火漆石蜡密封。在这重重包裹中赫然映入人们眼帘的，是一部折成卷的书稿，缄封上题“大宋孤臣郑思肖百拜封”十字。在场者无不惊诧，消息不胫而走。第二年，这书稿的刻本即以《心史》为名流传于世。由于它奇特的收藏方式和奇特的发现过程，人们也称之为《井中心史》或《铁函心史》。

郑思肖（1241—1318）是宋元之际一位带有传奇色彩的人物，自幼深受父亲爱国主义思想的熏陶，宋亡后坚决隐居不仕。他自取名为“思肖”，寓意“思趙（赵）”。他的居室匾额题为“本穴世界”，乍一看不知是什么意思，实际上，移“本”之“十”置于“穴”中，即为“大宋”二字。他善画墨兰，但不画土、根，意为土地已被元夺去，大宋失去根基。这样一位充满爱国热情的人，目睹蒙古入侵军队的暴行与宋朝廷丧权辱国的无能，痛感报国无门，就将满腔悲愤付诸笔端，创作了大量的诗歌与文章，《心史》就是他三十五岁至四十三岁间

（1275—1283，即南宋灭亡前后）的作品。书中内容大多是记南宋末史事，揭露蒙古军队的暴行，抒发爱国情感，议论慷慨，精言深意，片言只语皆不忘故国。这一思想基调，正迎合明清之际反对异族统治的政治需要，因此，《心史》迅速流传开来。为此书作序、作跋的明代学者有二十多位，谈迁、顾炎武等学术大家都著文介绍，给予较高评价。

然而，从清代中叶起，就不断有人怀疑《心史》的真伪，认为它并不出自郑思肖之手，而是后人的伪作。除了徐乾学、全祖望、袁枚等学者有所议论外，影响最大的要数《四库全书总目提要》。其理由是：一、《心史》文词蹇涩难通；二、记事与史实不合；三、未避宋高宗赵构讳；四、把大名鼎鼎的蒲寿庚写作“蒲受耕”。由此指出此书或为明浙江海盐人姚士舜的伪作。

“伪造说”一出，即受到厉鹗、姚际恒、查慎行等学者的批驳与责难，近代著名学者罗振玉、梁启超、黄节、余嘉锡、蒋逸雪等，也都肯定《心史》的真实性，对“伪造说”的理由作出了反驳。如余嘉锡《四库提要辨证》云，《心史》中凡有元字皆避去（“庆元”作“庆初”，“元年”作“一年”），盖恶其为胡元国号而去之。相反，凡遇大宋、国家、朝廷、君王、祖父，及宋之年号，必空一格，可见作者对大宋故国的敬畏。偶然未避高宗讳，是明抄书者的妄改。又云，蒲寿庚原是阿拉伯人，写作“蒲受耕”本是音译不同而已，这是外语汉译中的常事，岂能以此作为伪书之证据？蒋逸雪《心史辨伪》进而言曰，对孤忠耿耿、血泪斑斑、读之莫不感奋而起的《心史》，《四库全书总目提要》独斥为伪书，不予著录，其原因是，清修《四库全书》的本意，就在于把影响其统治的书籍加以总检查、总毁灭。《心史》抒爱国之情，发亡国之忧愤，正是清统治者排斥的对象。因而四库馆臣秉承朝廷旨意，对《心史》横加吹求，最终列入禁毁书目。又曰，《心史》为国魂所系，非泛泛之作，不能不为之洗雪。这类辨其真的文字颇多，但是其影响均不敌流传最广的《四库全书总目提要》。

近年仍有人对《心史》持有异议。有些学者提出，书中在文天祥死前一年多（1281），已有祭文天祥的文字出现，是作伪者的疏忽。又说，书中有“必开大明之天”等语，正反映出《心史》作于明朝灭亡之后的迹象。对此，今人陈福康《论〈心史〉绝非伪托之书》一文认为，关于文天祥之死，或因作者偶听误传，或因作者意其必死，乃预作文章祭奠孤忠，这就如鲁迅先生在丁玲健在时，已作《悼丁君》诗一样，并没有人因此怀疑《鲁迅全集》的真伪。至于“必开大明之天”，只是文字上的巧合，并不寓反清复明之意，不足为据。还有学者从《心史》的保存方法、函沉经过以及郑氏传记资料和诗文的思想语言风格等方面加以论证，认为《心史》绝无可疑。

但是，清代学者的论说，在学术界的影响不可低估。目前，包括《辞海》在内的许多工具书，在“郑思肖”条下均写道：“又有《心史》，或疑为后人伪托。”看来，这部沉睡于古井三百多年后重见天日的奇书，要彻底拨开笼罩其上的疑云，也不是一件容易的事呢。

费解难释的“成吉思”

说起元太祖铁木真，也许有很多人不知道，而提到“一代天骄成吉思汗”，却为众人熟知。成吉思汗是铁木真的称号，他顺应社会发展的历史潮流，利用草原人民要求统一的共同愿望，建立了统一的蒙古汗国，这一历史功绩是人们一致公认的。然而关于“成吉思汗”称号的解释，却无法做到众口一词。

最具浪漫色彩的说法，是《蒙古源流》《蒙古世袭谱》中的记载。其云：铁木真即位前三天里，清晨总有一只五色鸡啼鸣，叫声就如“成吉思、成吉思”，铁木真的属僚认为这是吉祥之兆，因此就以“成吉思”为号。

比较流行的说法，是伊利汗国宰相拉施都丁在《史集》中所记。当时有个巫师阔阔出，常在严寒的冬天赤身露体进入荒野和大山，与天神会面，然后回来代神发言。“成吉思”的称号就是他所授，意思是“坚强之汗”。然而，这一记载在《蒙古秘史》等其他蒙文史料中却找不到。清代状元郎洪钧认为，这一解释是拉施都丁自己增入的。而且拉施都丁一会儿把“成吉思汗”解释为“坚强之汗”，一会儿又解释为“最高君主或王中之王”，自相矛盾，其说服力也就大大削弱。

另有一说认为，“成，大也，吉思，最大也”，“成吉思汗”就是

"最伟大的汗"。也有人说，"成"是伟大之义，"吉思"是复数词尾，最后的解释也是"伟大之汗"。这一说法是从蒙古语的语音语义着手分析的。但又有人从蒙古语分析中反驳说，在蒙古语中"成"并没有最大或伟大之意，也没有"吉思"这样的词尾，因此这一解说是欠妥的。

还有不少学者认为"成吉思"是从蒙古突厥语"腾吉思"一词演化而来，意思是"海"。蒙古史籍中有把大汗称为"大海汗"的，成吉思汗后裔贵由大汗致教皇书，也自称为海洋汗。因而有人据此断言：成吉思汗即"海洋汗"的意思，是与古儿汗（普天下汗）、达赖汗（大海汗）、塔阳汗（全世界汗）相近的词汇。

《蒙鞑备录》中记载："成吉思汗者，乃译语'天赐'二字也。"此书的作者赵珙，是与成吉思汗同时代的人，元太祖十六年（1221）曾至燕京见过成吉思汗封的太师国王木华黎。很难想象他会对蒙古最高统治者的称号信口雌黄。因此，这成为较具权威性的一说。后代学者在此基础上进一步求证"成吉思"与"天"之间的关系。其一，《元史·祭祀》记载元朝皇帝每年到上都举行祭天礼的情形：由蒙古巫觋及蒙、汉秀才达官再拜告天，一面口呼太祖成吉思御名，一面则曰，托天皇帝福荫，年年祭赛者。可见，他们祝辞中的"成吉思"与"天皇

成吉思汗　铁木真

帝”的意思是相同的。其二，古代北方民族常用单于、可汗作为君称，又喜欢在君称前加上天字，匈奴有“天单于”，契丹有“天皇王”，还将“天可汗”的尊称奉献给中原的唐朝皇帝。成吉思汗与上述称号的意思是相同的，它不但与蒙古草原统一后的政治、经济地位相称，也与蒙古族敬天的传统风尚相符合。其三，据蒙古史籍所记，蒙古统治者总是千方百计把自己的祖先说成是天或神，自己是“天降之子”。成吉思汗在位时，也十分注意将君权神化，把“长生天底力气”与“皇帝的福荫”联系在一起。因此，他所建立的蒙古汗国称为“库克蒙古勒”，库克为青，即天的颜色；他所统率的军队称为“天兵”；他派出的使者被叫作“天使”；他死后的谥号也是“法天启运圣武皇帝”，都与“天”字分不开。

上述各说虽然都各有所据，毕竟仍是一家之言，尚不能统一众说。当年，成吉思汗在众多的词汇中选择“成吉思”作为称号，自然有他的用心与深意，不料却为后人留下这难释的疑问。成吉思汗若泉下有知，不知会作何感想呢！

● 成吉思汗
篆刻　郑英旻

“一代天骄”归葬何处

在内蒙古自治区鄂尔多斯市伊金霍洛旗的一处砂砾地上，坐落着成吉思汗陵。与历代中国帝王陵墓不同的是，它一无封土，二无庙殿，更无墓碑和石像生，而是一座三个圆顶的蒙古包式的建筑。陵园由四部分组成，正殿悬挂成吉思汗的画像以及被奉为蒙古族战神象征的成吉思汗所用的黄柄红缨长矛；后殿安放成吉思汗的灵柩；东殿是其四子拖雷及其夫人的灵柩；西殿陈列成吉思汗的遗物。惹人注意的是，

● 成吉思汗陵

殿外园内有两个巨大的木制车轮，据说这是七百多年前运载成吉思汗灵柩时用的车轮，是成吉思汗不朽亡灵的象征。每年农历三月，人们云集于此，举行隆重的祭奠大会，称“三月会”。这时，除了献牺牲、燃明灯、唱赞歌、喇嘛诵经外，还用白驼白马挽车，放置成吉思汗银棺及弓矢马鞍，供牧民参拜。

然而，这座金碧辉煌的建筑物中，或许并无成吉思汗遗骨。曾有一句流传至今的话“陵的地方无人知晓”，因为当时并无陵寝制度。按惯例，大汗死后，就用一段上好圆木对剖开，制为棺木，置遗体其中，再用三道金箍扣住后深埋在草原上，并且“不坟不树”。叶子奇《草木子》载：“元朝官里，用梡木二片，凿空其中，类人形小大合为棺，置遗体其中。加髹漆毕，则以黄金为圈，三圈定，送至其直北园寝之地深埋之，则用万马蹴平。俟草青方解严，则已漫同平坡，无复考志遗迹。”因此成吉思汗的葬地一向就是众说纷纭的。

蒙古文史书《蒙古秘史》说，成吉思汗在攻破朵尔蔑该城（在宁夏灵武县境）后死于其地。《黑鞑事略》载，南宋使节徐霆在泸沟河之侧看到过成吉思汗墓。而《元史·太祖纪》只说，成吉思汗崩于萨里川哈老徒之行宫，葬起辇谷。至于这个“起辇谷”在何处，又有五六种说法，近现代史学研究者把林林总总的说法归纳为三种：即蒙古国东部草原上的三河源头；内蒙古鄂尔多斯草原上的伊金霍洛；宁夏南部的六盘山地。

学者们比较倾向第三说，即成吉思汗葬于六盘山地。理由有很多：其一，元史所记载的“起辇谷”意为辽阔的河谷之地，而成吉思汗是

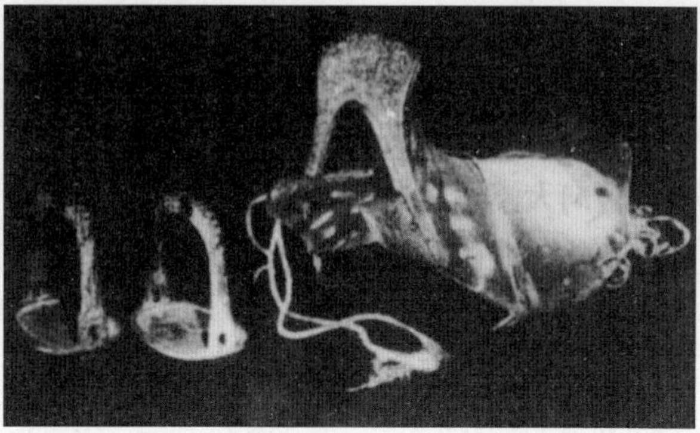

● 成吉思汗使用过的马鞍

病逝于六盘山腹地，这里有条泾河，源头有广阔的河谷之地，以地理环境分析，泾水源头可以与“起辇谷”对应。

其二，成吉思汗猝逝时，正是对西夏的战争取得最后胜利的关键时刻，也是进攻金朝的战前准备阶段，为了不使军心涣散，时人不可能兴师动众将遗体运往漠北，而只能按本民族的风俗习惯秘密掩埋。

其三，成吉思汗逝世时正是八月高温天气，如果处理了西夏投降事宜后再向大漠运送灵柩，还要等待诸王后妃从四面八方赶来奔丧，以当时的条件，遗体是不可能这样长时间置留的。

但是，据《成吉思汗全传》说，成吉思汗病逝后，确实有送灵柩往漠北的行动。然而，既然季节和战机都不允许这么做，那么，唯一的解释就是，这次“扶柩归乡”仅是掩人耳目之举，灵柩内并无遗体，而只有成吉思汗的衣冠。“一代天骄”极有可能是永远安息在山青水碧的六盘山腹地了。

不过，对历史所作的结论随时会随着新的考古发现而被推翻，2000 年 8 月，新疆博物馆的考古学家宣称，成吉思汗的陵墓极有可能在阿勒泰。

新疆北部阿勒泰山脉所在的青河县三道海附近，有一座人工改造的大山，面南背北，左右各有一湖，湖间有人工河相连。山体的一半有明显被人工改造的痕迹，有许多从土中裸露的石头与山岩的基本走向不符。这里还发现了凿有圆孔的大型动物肩胛骨，这种骨头是用作占卜的器具，且多为随葬之物。联系《马可·波罗游记》的记载：成吉思汗的遗体就奉安在阿勒泰山上，因此，似有理由相信，这座人工改造过的大山是成吉思汗的陵墓。

2001 年 8 月 18 日，媒体转引的新华社消息称：一个寻找成吉思汗墓穴的考察队 16 日宣布，他们在蒙古国首都乌兰巴托东北 322 千米的地方发现了一座古墓，其中可能葬有成吉思汗的遗骨以及价值连城的宝藏。

这个“成吉思汗地理—历史探险队”在蒙俄边境附近一个偏僻的地方发现了这座古墓。古墓部分被森林覆盖，三面有围墙。围墙高 2.7—3.6 米，总长 3.2 千米，里面至少包括 30 座没有打开过的陵墓。但是由于发掘过程中不断有意外发生，又遭到蒙古国民众的强烈反对，考古队不得不在四个月后放弃了挖掘行动并撤出蒙古。

2005 年，一支日蒙联合考古队在位于距离蒙古国首都乌兰巴托约 240 千米的地方发现一座建于 13—15 世纪的灵庙遗址，地下坑洞中埋葬着许多战马的骨灰和遗骨，其数量足以证明陵墓主人的显赫地位。

灵庙内石壁上有火烧的痕迹，联系埋骨灰和马骨的坑，应该是为祭祀成吉思汗举行“烧饭”仪式的证据。灵庙南侧出土了象征皇帝的龙纹香炉，与14世纪波斯历史书的记载相一致。距这个陵墓约11千米之内还密布着各个时代的蒙古首领陵墓，这些迹象都符合皇陵的特征。但是很快有专家对此表示质疑，认为要证明是成吉思汗陵，至少要具备几个条件：一是要有棺椁；其次要有随葬品，尤其是箍住独木棺的三到四根金箍；三是石刻石碑之类的文字记载。仅依据日蒙联合考古队发现的情况，不足以说明就是成吉思汗墓。

成吉思汗陵的真相，或许就像墓主生前所希望的那样，是一个永远没有谜底的问题，愿意猜的人不妨继续努力猜吧。

成吉思汗

篆刻　郑英旻

“烧饭”习俗何解

据史书记载，辽、金、元时，契丹、女真、蒙古等族，都有一种重要的礼俗——“烧饭”。清初，满族刚入关时，也保留了这一习俗。然而，“烧饭”之俗的具体内容究竟如何，有关史书的记载并不一致，所以后人对其理解也不尽相同。

据李焘《续资治通鉴长编》记载，契丹主死后，须设置大穹庐，然后用金铸成契丹主之像，并将金像放入穹庐中。每至节辰、忌日及初一、十五，则在穹庐前举行祭祀仪式。祭时，筑起一座一丈多高的台，台上放一大盆，盆内撒以酒食，用火焚烧，俗称“烧饭”。《辽史·礼志一》也有类似记载，但称为“爇节”。宇文懋昭《大金国志》又记载，女真族人死，“其祀祭饮食之物尽焚之，谓之烧饭”。叶子奇《草木子》也载：“元朝人死，致祭曰烧饭。”

不少人依据上述记载，认为所谓“烧饭”是一种祭奠死者的祭礼，所烧物品是酒食。但也有人认为，“烧饭”不仅用于祭奠死者，还用于祭祖和祭天，其依据是《元史·祭祀》有这样一段记载：“每岁，九月内及十二月十六日以后，于烧饭院中，用马一、羊三、马湩、酒醴、红织金币及里绢各三匹，命蒙古达官一员，偕蒙古巫觋，掘地为坎以燎肉，仍以酒醴、马湩杂烧之。巫觋以国语呼累朝御名而祭焉。”既然是呼唤历朝先帝之名而祭，当然是一种祭祖的仪式。

对于焚烧的物品，也有不同的看法。徐梦莘《三朝北盟会编》记载，女真人死后，“死者埋之而无棺椁，贵者生焚所宠奴婢、所乘鞍马以殉之，所有祭祀饮食之物尽焚之，谓之烧饭”。有人认为“殉”与“祭”并无绝对差别，由此断定，女真贵族在举行“烧饭”祭祀时，不仅焚烧酒食，也焚烧活人和马匹等。

近年还有人认为，所谓“烧饭”，其实就是火葬。但此说很快就遭人反驳曰：辽、金、元三代并无称火葬为“烧饭”者，当时只是称“火葬”“火化”“荼毗”等。相关史料也可证明，如《金史·后妃传》记载：世宗元妃李氏，大定二十一年二月戊子薨，甲申，葬于海王庄。丙戌，上如海王庄烧饭。甲申葬，丙戌烧饭，两者显然不是一回事。

此外，又有人推断，这一习俗实际上并不始于辽、金，早在魏晋时，北方的少数民族就有此类焚烧物品祭奠死者的习俗。王沈《魏书》记载，乌桓人葬死者时，以歌舞相送，并取一只肥狗及死者所乘马匹、生前衣服等，一并焚烧送之。这一习俗流传到辽、金时，才被汉译为“烧饭”和“爇节”。

“上帝之鞭”摧折之谜

蒙哥即元宪宗，蒙古第四任大汗。他以刚毅骁勇知名，曾在蒙古西征过程中立下赫赫战功，有“上帝之鞭”之称。即位后，继续推行前任可汗扩大疆域的政策，于1258年发动大规模的灭宋战争。蒙哥把攻宋的军队分为左、右两翼，自领右翼军，进攻四川。右翼军一路攻克利州、苦竹隘天险、长宁山城、大良山城，最后会合其他蒙军，于宋开庆元年（1259）二月围攻合州（今重庆合川）州治所在地钓鱼城。

钓鱼城在今重庆合川东北约5千米处的钓鱼山上，其山高千仞，三面临江，皆峭壁悬崖，陡然阻绝，是个易守难攻的地方。历经彭大雅、余玠、王坚等宋将的治理，城筑更加坚固，成为“兵精食足，兼获池地之利”的堡垒。蒙哥因一路南征所向披靡，全不把钓鱼城放在眼里，扬言不出一月将踏平此城。他先派人招降合州守将王坚，遭拒绝后发动全面进攻。虽然蒙古军“攻城之具无不精备”，可是从二月到七月屡攻不克。钓鱼城险峻的地势，使蒙军精备的攻城之具不能发挥作用。蒙哥连调精兵强将，都劳而无功。蒙军总帅先锋汪德臣曾单骑至城下，意欲招降，差一点为城中射出的飞矢击中，不久就“感疾”而亡。就在七月，这位横扫欧亚无敌手的蒙哥，也死于军中。蒙军失去主帅，被迫撤军北返。钓鱼城因之被史学家们称为“东方的麦加城”“上帝折鞭处”。

然而，蒙哥之死，有许多悬而未决的问题，归纳起来有如下三个。

一、蒙哥的死期。据《元史·宪宗纪》记载，蒙哥汗九年（宋开庆元年，1259）“秋七月辛亥，留精兵三千守之，余悉攻重庆。癸亥，帝崩于钓鱼山”。屠寄《蒙兀儿史记》云，蒙哥死于七月癸未。《宋史·理宗纪》记载：“八月……乙酉，降人来言：大元宪宗皇帝崩于军中。”《宋季三朝政要》记载，蒙哥死于十一月。孰是孰非，不得而知。据郝经《班师议》记，他在七月十二日随忽必烈军队行至淮河之滨，得到蒙哥死于合州的消息。由此，史学家们推断，蒙哥死于七月上旬应是可以成立的，至于究竟是哪一天，仍是个谜。

二、蒙哥的死地。《元史·宪宗纪》记载，蒙哥“崩于钓鱼山”。《宋季三朝政要》卷三云，死在钓鱼城下。《续通鉴纲目》的说法是，“死于合州城下”。而《宋史·理宗纪》则说“崩于军中”。相比之下，万历《合州志》所载无名氏《钓鱼城记》描述得较为详细：蒙哥是“过金剑山温汤峡而崩”。这一说法较符合历史地理情况，温汤峡可能是今璧山县西北四十里、接铜梁县界的汤峡口，今名西温泉。专家们推论，蒙哥在钓鱼城负伤后转移至地势较高的温汤峡，以便养伤疗病。然而，又有学者提出，蒙哥是死于北温泉，即今重庆北碚北温泉公园。理由是，蒙军在钓鱼城作战失利后，留下三千人坚守，其余撤兵转攻重庆，不论走水路还是旱路，北温泉都是捷径，没有必要舍近求远从西温泉绕道。即便从养伤的角度而言，北温泉景色宜人，交通便利，是不可多得的理想之地。此说虽合情理，却无有力佐证，因此蒙哥的死地，仍真伪难辨。

三、蒙哥的死因。有关这一问题的歧议最多。叙利亚阿部耳法剌底1264年编著的《世界史节本》认为，蒙哥是被宋军流矢射中而死。现存重庆市合川区钓鱼山忠义祠内明正德十二年（1517）合州所立《新建二公祠堂记》石碑碑文，也说蒙哥“中飞矢死”。今人所编通史著作如翦伯赞主编《中国史纲要》等，多采用此说。小阿美尼亚海屯于1307年口授的东方史《海屯纪年》，则提出“淹死说”，认为蒙哥在进攻宋军时，乘坐的战船被宋军潜水者凿穿，蒙哥因此淹死水中。无名氏《钓鱼城记》云，蒙哥在架设望楼窥视钓鱼城时，遭到宋军炮石射击，为“炮风所震，因成疾。班师至愁军山，病甚……次过金剑山温汤峡而殂”。明代四川巡按谢士元《游钓鱼山诗序》、民国《合川县志》，均持此说。《重庆志》却说，蒙哥是中炮石所伤而死。刘泽华等著《中国古代史》、邱树森《元朝史话》，也都说蒙哥在先锋汪德臣死后，亲率大军攻城，为炮石所伤，回营后因伤势太重死于军中。今钓鱼城脑顶坪，据说就是当年蒙哥中炮石之所。南宋人黄震在《古今纪要逸编》中认为，蒙哥是因屡攻钓鱼城不克，羞愤而亡。据《钓鱼城记》记载，当时合州知州王坚命人将几条三十多斤重的鱼与几百个面饼送到蒙哥营中，并谕以书曰：“尔北兵可烹鲜食饼，再守十年，亦不可得也。”这位不可一世的蒙哥屡遭挫败，又受此羞辱，不堪忍受，以致愤死军中。另一影响较大的说法，便是“病死说”。据波斯政治家和文学家剌施特哀丁1307年所著《史集》第二卷记载，当时蒙军因暑热难当，军中流行瘟疫（一说霍乱），蒙哥因此染病。在疫病无法控制的情况下，蒙哥下令以喝酒来对付疾病。他自己在“不豫”的情况下，也坚持饮酒，健康状况进一步恶化，死于军中。其他的说法，如清毕沅的《续资治通鉴》“考异”中说，蒙哥“自因顿兵日久，得疾而殂”。魏源的《元史新编》云，“触暴雨，不豫”而死。记载虽然不一，但都指出蒙哥是死于疾病，而非战死。

蒙哥之死，影响蒙古南征计划的顺利实施，使蒙古既定的统治东亚汉地与西进欧洲的政策暂时中断，这对于中国史与世界史，都是值得注意的大事。因此，蒙哥之死，也更有努力弄清的必要。

张珏之死——殉节还是失节

张珏，字君玉，凤州（治今陕西凤县东北）人，南宋末年四川地区的抗战将领。在“蜀之险要所失过半”的时候，他协助兴元都统兼知合州王坚，面对强大的蒙古铁骑狂风暴雨般的强攻，坚守着弹丸之地的合州州治钓鱼城，使城防固若金汤，岿然不动，成为横亘在蒙古军队前面一道难以逾越的长城。

张珏“魁雄有谋，善用兵，出奇设伏，算无遗策。其治合州，士卒必练，器械必精，御部曲有法”(《宋史·张珏传》)。因此，人们称他为“四川虓将”。德祐元年（1275）南宋朝廷任张珏为四川制置副使、知重庆府。景炎三年（1278），重庆被围，胆小怕死的都统赵安开重庆镇西门降元，张珏率兵巷战不支，以小舟东走涪州（今重庆市涪陵区），为元兵所执，解送京师。

张珏的最后归宿，史籍上向有二说。《宋史·张珏传》《昭忠录》等说他至死未降，自经而死。而《元史·世祖纪》、万斯同《宋季忠义录》等说他被俘后即降。由于张珏在南宋末年历史上占有重要地位，他的民族气节问题颇受人们关注，那么，他究竟是殉节还是失节呢？

宋史专家胡昭曦经过充分查证与考订后指出，张珏是殉节而亡的忠勇将帅。理由是：

一、张珏殉节有许多原始资料可证，且都较为可靠。《昭忠录》是宋、元之际人的作品，记载了近百个在南宋末年誓死抗战、忠节殉身的著名人物，包括文天祥、李芾等人。对张珏的记载是："终不肯降……遂遇害。"张珏被俘后，文天祥在元大都狱中曾集杜诗赞叹，其诗序说："（张珏）蜀之健将……为左右所卖，珏觉而逃遁，被囚锁入北，不肯屈。后不知如何。"（《文山先生全集》卷六）在这里，文天祥明确地说张珏"被囚锁入北，不肯屈"，但他对张珏的最后结局还不清楚，所以说"后不知如何"。时人刘壎的《补史十忠诗》，则可补此缺，其中《四川制置使知重庆府张公珏》诗写道："咄咄快敌仇，谁与掩抔土。哀哉关西雄，国亡犹不负。"（《全蜀艺文志》卷二四）元人修的《宋史》，根据这些材料，把张珏列入《忠义传》，这是符合历史实际的。

二、明人修《元史》，是根据《元实录》修纂，而元人为掩盖杀害张珏的罪恶，在《元实录》中曲笔而书，因此在《元史》的纪、传中互有抵牾，矛盾百出。如《元史·世祖纪》载，至元十四年（1277）二月"甲戌，西川行院不花率众数万至重庆，……其夜，都统赵安以城降。张珏舣船江中，与其妻妾顺流走涪州，元帅张德润以舟师邀之，珏遂降。"按此说法，元军破重庆应在至元十四年二月，张珏被执投降也在此时。而《元史·汪良臣传》载："（至元）十五年春，张珏悉众鏖战，良臣奋击，大破之，……珏所部赵安开门纳降，珏潜遁。"《元史·也速答儿传》也说："赵安开门降，制置使张珏遁，追至涪州擒之。"后二传均未云张珏降元，且在破重庆的时间上各说不一，至元十四年与十五年，何说为是呢？《宋史·张珏传》说，至元十五年春，“珏率兵巷战不支……乃以小舟载妻子东走涪”。元初人姚燧所作《李德辉行状》中，也写道：“（至元）十五年，重庆之围再合。”（姚燧《牧庵集》卷三十）上述记载都与《元史·汪良臣传》相合。可见《元史·世祖纪》的材料是不可信的，自然不能作为张珏失节的依据。至于明人万斯同《宋季忠义录》中的观点，是因袭了曲笔而书的《元实录》的材料，更不足为据。

三、张珏十八岁从军，从一士兵升至镇守一方的统帅，抗战的决心始终非常坚定。他曾多次拒绝敌方的招抚诱降，在重庆失守、痛感绝望时，几次欲自杀殉节：巷战不支时，“归索鸩饮，左右匿鸩”；在东走涪州的小船上，欲“斧其舟自沉，舟人夺斧掷江中”；船行江中，“珏踊跃欲赴水，家人挽持不得死”。纵观其一生，不屈不挠，始终如一，誓死抗战，英迹昭昭，因此说他变节投降，与其一贯表现不符。

四、四川的宋将昝万寿、梅应春、王立等投降元朝之后，都被封官授职，优加安抚。如果张珏降元，应该也有此待遇，而且地位会更高，但是这在史籍中毫无蛛丝马迹。此外，合州钓鱼山上，有专为余玠、王坚、张珏等人修的“忠义祠”，反映了当地人民对他们爱国热情和民族气节的高度赞誉与景仰。

根据上述意见，张珏是“殉节”还是“失节”，是否可成定论了呢？

王立为何降元

王立是宋末名将张珏的副将，德祐元年（1275）张珏升四川制置副使、知重庆府后，王立任安抚使兼知合州，成为合州州治钓鱼城的主将，岿然坚守孤城，为晚宋政局的勉力支撑，立下汗马功劳。

景炎元年（1276），王立出兵收复泸州（今属四川），元将熊耳战死，其妻被俘，谎称姓王，王立收其为义妹，带回侍奉老母。景炎三年，元兵围攻钓鱼城，形势岌岌可危。时值两秋大旱，人民易子而食，与朝廷消息不通已有三年多，又传闻重庆叛将献城，张珏被俘，一时钓鱼城孤立无援，城中百姓惶惶不可终日，皆知祸在顷刻。王立对部下说：我们深受国家恩泽，应该以死报国，只是城中数十万生灵难道也应与我们一起毁于战火？正当他愁蹙无计、寝食不安时，义妹熊耳夫人方吐真言：成都总兵李德辉是吾亲兄，如知道您对我的优待礼遇，一定会尽力保全一城百姓。王立即与其合谋，修降书一封，附熊耳夫人亲手做的鞋一双，派人送至成都。次年正月，李德辉亲赴钓鱼城，王立遂降。忽必烈下诏："鱼城既降，可赦其罪，诸军毋得擅便杀掠，宜与秋毫无犯。"（《万历合州志》卷一《无名氏记》）并授王立为怀远将军、合州军民安抚使之职，城中百姓得以生安。

钓鱼城坚持了三十六年的抗战，以王立降元而告结束，其功过是非，历来评价不一。王立一方面受古今骂名七百余年，一方面又享生民祭祀，只不过由于后人不同评价而时时不得安生。如清乾隆年间（1736—1795）合州知州陈大文认为，王立宁屈一己，保全宋室遗民，对人民实有再造之恩，因此在钓鱼城忠义祠里加祀王立、熊耳夫人和李德辉的牌位，且作记吟诗。而光绪年间（1875—1908）知合州的华国英重修忠义祠时，却认为王立是宋之叛臣、元的降人，以之从祀，是为渎祀，神必不享，因而将王立等三人的牌位全部迁出，还在忠义祠门柱上题一副对联“持竿以钓中原二三人尽瘁鞠躬直拼得蒙哥一命；把盏而浇故垒十万众披肝沥胆竟不图王立贰心”，把王立描绘成一个愧对忠良的罪人。1942 年郭沫若到钓鱼城访古，认为王立与熊耳夫人是“贰臣”“妖妇”，并有诗曰：“……卅载孤撑天一线，千秋共仰宋三卿。贰臣妖妇同祠宇，遗恨分明未可平。”与此同时，仍有不少人对熊耳夫人赞赏备至，说她是“钓鱼城上奇女子，一封书救全城死”（民国《合川县志》卷六十九，冯镇峦《熊耳夫人祠》诗）。直到 20 世纪 80 年代先后举行的两次钓鱼城历史学术讨论会上，这两种意见仍未能很好统一。

看来，要对王立作出正确评价，关键在于了解王立降元的初衷：是贪生怕死，欲保全身家性命呢？还是见大势已去，不忍心见数十万生灵涂炭？然而，事隔七百多年，如何确知当年王立降元的初衷呢？

谁是元顺帝生父

元顺帝名妥懽贴睦尔，系元明宗的长子、世祖六世孙，至顺四年（1333）即位为帝，成为元代的末代皇帝。据《元史·顺帝纪》记载，顺帝的生母是罕禄鲁氏，名迈来迪，居于北方。明宗前往北方时，经过其地，纳为妃，于延祐七年（1320）在北方生下了顺帝。然而，有关顺帝的生父究竟是谁，在后世却成为一件众说纷纭的疑案。

早在顺帝即位之前，有关其生父的问题已产生了疑义。顺帝的叔父元文宗曾在诏书中宣布：明宗生前一直声称顺帝不是自己的儿子，因而将他黜往江南。这件事被记录于宫廷史册《脱卜赤颜》中，并载入《元史·顺帝纪》和《元史·虞集传》中。元末明初人权衡《庚申外史》一书中，不仅记载了有关文宗诏书的事情，还将顺帝的出生演绎为一段生动的故事。书中记载，元初，宋恭帝赵㬎被降封为瀛国公，在白塔寺中为僧，后又奉诏居甘州山寺。来寺院游览的赵王可怜他年老孤单，送一名回回女子给他做侍妾，这名女子在延祐七年生下一子。当时明宗适自北方来，见寺上有五彩龙形云气，寻至赵㬎居室，得知刚生下一子，于是收养为己子，并将母子二人一同携归。

自权衡首创顺帝为赵㬎之子一说后，有关顺帝生父的各种传说越来越多，情节也越来越具体生动。如明初人余应在其所写的七言古诗中，也肯定了顺帝为赵㬎亲生子、明宗养子的说法，并进一步渲染了顺帝的出生故事。此后，何乔新、程敏政、钱谦益等人，都对余应之诗加以论证，认为诗中的说法是可信的。谈迁还将此说作为信史载入《国榷》。

不过，明代也有人提出另一种说法，如袁忠彻《符台外集·纪瀛国公事实》中，称述元顺帝实为赵㬎的遗腹子，当时元明宗见到赵㬎的妻子，十分喜爱，便强纳为自己的妃子，而赵㬎之妻此时已有身孕，不久就生下了顺帝。

清代史学家万斯同、全祖望及近代史学家王国维、魏青铓等人，也对此事加以考证，都相信元顺帝的生父是宋恭帝赵㬎。但清代学者大多主张元顺帝为元明帝养子的说法，因为这与蒙古族乐意收养他人孩子为自家子的风俗相符合，如成吉思汗就先后收养了四个儿子。而对遗腹子一说，则因出生年月有问题，多持否定态度。

除上述两种说法外，还有人提出第三种说法，认为元顺帝的生父确实是元明宗，而非宋恭帝赵㬎。如《四库全书总目提要》的作者，在论《庚申外史》一书时称，顺帝为赵㬎之子一说，“核以事实，渺无可据，实为荒诞之尤，非信史也”。毕沅《续资治通鉴》也认为，文宗诏书所说不足信；《庚申外史》由此引申，余应之诗“颇近委巷俚鄙之谈”，更不足为据。魏源《元史新编》、曾廉《元书》、柯劭忞《新元史》、屠寄《蒙兀儿史记》等，也都不取赵㬎之子的说法。持这一看法的人认为，这则离奇的顺帝生父故事，是南宋遗民为了发泄对元朝灭宋的愤恨而编造出来的，明代人仇视蒙古人，于是加以渲染、附会并广为流传。从文献记载看，顺帝生父为赵㬎的说法，确实没有充分的史料根据，因此第三种看法是有其道理的。

● ［元］刘贯道《元世祖出猎图》

来去无踪“芝麻李”

“芝麻李”即李二，元朝萧县（今属安徽）人，或说邳州（今属江苏）人。“芝麻李”是他的绰号，据说有一年邳州闹饥荒，李二将家中仅有的一仓芝麻尽数散发给饥民，因而深得当地人民拥戴，称他为芝麻李。元顺帝至正十一年（1351）八月，芝麻李与赵均用、彭大等人占据徐州，揭竿起义，成为东系红巾军的骨干队伍。次年九月，元丞相脱脱率领大军攻破徐州，赵均用、彭大为保存力量，退入濠州，与郭子兴起义军合势，而“芝麻李”的下落，却成为多年聚讼不决的问题。

权衡《庚申外史》持“先遁逃后被杀说”，认为脱脱平徐州后月余，才抓获芝麻李，槭送京师，行至河北雄州时，被脱脱密令处死。吴晗《朱元璋传》也同意这一说法。但有人认为权衡为避兵燹，隐居山林达二十八年之久，虽然致力于史书修撰，毕竟耳目闭塞，所书难以据为确证。书中记载脱脱密令斩杀一事，正史纪传均不载，况且既是“密令”，隐居山坳的权衡何以得知？若是“槭送京师”，必是元顺帝授意，脱脱不经奏可，擅自杀之，也与理不合，故此论不能令人信服。

谈迁《国榷》持“死于徐州说”，认为“元兵诛李二，复徐州”。

柯劭忞《新元史》也赞同此说。今人认为，此说的史料来源不可靠，很可能是从他书有关记载附会而来。更为重要的是，李二是起义军的重要领袖之一，如果当时已战死，史书必定大书特书，怎么可能没有一本史书明确记载，甚至连一点蛛丝马迹也找不到呢？

王鸿绪《明史稿·太祖纪》持“走死说”，曰：“脱脱破徐州，李二走死，赵均用、彭大奔濠。”后人觉得此说过于含糊，李二如何出走？怎样死？是战死，还是被俘？都没有交待，扑朔迷离，反而留下众多疑窦。元末其他农民军领袖如韩林儿、刘福通、明玉珍、郭子兴、陈友谅等人的结局，史书都言之凿凿，没有歧异，唯独李二的下落如此含糊不清，故“走死说”也不可尽信。

《元史·顺帝纪》中持“遁逃说”，其云：“脱脱复徐州，屠其城，芝麻李等遁走。”郎瑛《七修类稿》、毕沅《续资治通鉴》等都同意此说，而现代学者也认为，此说可信之处颇多。其一，徐州突围，是有计划撤退，而非溃败。赵均用与郭子兴合兵后，反宾为主，成为两支部队的主要指挥者，可见即使是败军之将，实力仍比郭军强，而芝麻李与赵、彭同守徐州，谋略远出二人之上，赵、彭二人能安然撤退，他却死于乱军或落荒而逃，实在于理不合。而“主动遁逃”这一猜测，是可以消除以上疑点的。其二，当时的长江、淮河一带，已非元军据有，李二脱身后不愁没有栖身之处，哪能束手就擒，被押送京师？其三，在销声匿迹十一年之后，芝麻李的名字又出现在史乘上，顺帝至正二十三年明玉珍攻占云南，队伍中又出现了芝麻李。很难设想，在同一时期，又有另一个因散芝麻赈济穷人而得名的芝麻李出现。因之人们推测，李二从徐州突围后，辗转进入湖北，随明玉珍进兵四川，再攻云南。那么，在此之后，芝麻李又上哪儿了呢？据明人杨仪《垄起杂事》记载，芝麻李逃遁后削发为僧，曾到徐州永固河旧地重游，在留连亭中徘徊良久，赋诗曰："忆昔曾为海上豪，胭脂马上赤连刀。此地斩分陈总管，彼时斫断莫军曹。固知今日由天定，方信当年漫自劳。英雄每每无常在，战袍着尽又方袍。"三叹投笔而出，并泣谓人曰："我即萧县李二也，起兵时自谓天下可得，今乃匿踪缁流，暂免锋镝，而功名不就，乡旧何存，是以不能不悲耳。"由此看来，芝麻李厌倦戎马生涯，又不愿意俯身事人，托身缁流，髡发为僧，来去无踪，浪迹天涯，是很有可能的。

上海建城于何时

上海最初仅是一个寂寞的渔村，宋末在此设立了市舶提举司，始有上海镇。元初尚属华亭县（今上海市松江区），但已是一个“领户六万四千有奇，岁计粮十有二万余石，酒醋课税中统钞一千九百余锭”，且“军隘、官署、儒塾、佛仙宫馆、甿廛、贾肆鳞次而栉比”的巨镇了。按元朝制度，江淮以南有三万户以上即为上县，于是，元世祖至元二十七年（1290），松江知府仆散翰文就以地大户多为理由，提出分建上海县。这个意见得到江淮行省的支持，上报朝廷，也很快得到批准，决定从松江府划出华亭县东北五乡凡二十六保，分设上海县。上海建县，就是上海建城的标志。

● 静安古寺

多年以来，上海建城于何时，一直争论不休，主要有三种说法。

一说是建于至元二十七年，《元史·地理志》记：“上海，本

上海半淞园

华亭县地，至元二十七年，以户口繁多，置上海县，属松江府。”

一说是建于至元二十八年，《元史·世祖纪》记：“（至元二十八年秋七月）己未，降江阴路为州，宜兴府为县，并隶常州路。移扬子县治新城，分华亭之上海为县，松江府隶行省。”

另一说是建于至元二十九年，历代多数《上海县志》都持此说，更重要的是，大德六年（1302）上海县教谕唐时措撰写的《上海公署记》也作是说。该书创作年代离至元甚近，因此较有说服力。

上述三说虽各有所据，无法统一，但多年来作为学术争议，仅在史学界有一定影响。20 世纪 90 年代初，上海打算组织一些上海建城七百周年的纪念活动，一下子把这个问题推到广大市民面前，上海何时建城再次成为争论“热点”。

部分学者认为，上海设县有一个过程，至元二十七年松江知府仆散翰文向中央政府提出奏请；至元二十八年秋七月己未，元政府正式批准上海建县；至元二十九年主簿郗将仕首先卜廨莅事，着手划分上

上海老城墙

1887年外白渡桥

海县行政区划，而县尹周汝楫要迟至至元三十一年方到任。这几个环节中，元中央政府的批准最具法律效率，因此，上海建县在至元二十八年较为妥帖。

也有学者坚持主张二十七年说、二十九年说，主要依据是材料的权威性。

由于各说都有所据，为了纪念活动的顺利进行，学者们同意以元政府批准的日子为纪念日，即至元二十八年秋七月己未，也就是西历1291年8月19日。然而，作为一个学术问题，上海建城的年代并没有真正得到解决，在没有更多的新资料来证明之前，这个问题还可能继续争论下去。

马可·波罗到过中国吗

马可·波罗（Marco Polo，1254—1324），意大利威尼斯人，中世纪著名旅行家，约于元世祖至元八年（1271）随其父、叔前往东方，十二年至上都（今内蒙古自治区正蓝旗东北闪电河北岸），得元世祖忽必烈信任而出使各地，在中国生活了十七年。著名的《马可·波罗游记》，即马可·波罗归国后口述、别人笔录著成。

马可·波罗东方旅行一事，在他活着的时候就受到人们怀疑，被视为编造出来的神话。15—17世纪欧洲航海者发现新航路以后，《马可·波罗游记》所载的事物逐渐得到证实，马可·波罗在中国十七年走遍了南北各地，这已是大多数学者都承认的事。但是，国外仍有一部分人怀疑马可·波罗入华的真实性，其主要理由是：一、马可·波罗既然得到忽必烈如此信任与宠爱，让他出使各地，他的行动在当时想必不是毫无影响的，中国历来有完备的历史记载，可是，人们在史籍

马可·波罗

中反复搜索了近一百年，却很少见到有关马可·波罗来华及在华活动的记录。二、《马可·波罗游记》的笔调沉闷，记载混乱，把拥有丰富多彩景象的中国，描绘得灰蒙蒙一片，连蒙古皇帝世系都弄不清楚，很难相信是在华多年的人的记载。三、茶与汉字是中国文化重要的组成部分，印刷术作为中国的一大发明，当时也还未被欧洲了解，这些正可大书特书的事，在《马可·波罗游记》中却没有提及，马可·波罗如果真的住在中国近二十年，会不注意到这些吗？四、书中对中国许多地名的称法如同波斯语的称法，很可能马可·波罗到过中亚的伊斯兰教国家，与从中国回来的伊朗、土耳其商人接触，了解到不少中国的情况，有些记载虽然属实，但却不是马可·波罗亲眼所见。

● 元世祖　忽必烈

我国学者不同意这些意见，指出：一、虽然正史中不见记载，但是在堪称中国古代大百科全书的《永乐大典》中，可以找到有关马可·波罗的材料。二、在《马可·波罗游记》中，记有镇江的两座基督教教堂，还有关于金山寺的描绘，这些都是有实物为证的。另外，书中记有马可·波罗在福州看到一些神秘的宗教徒，他认为是基督徒，实际上是摩尼教徒，他们对外国来访者的

马可·波罗的行程（法国巴黎图书馆所藏旧地图）

元大都城墙遗迹

询问躲躲闪闪，很符合宋元时期摩尼教被视为邪教、教徒不敢公开活动的历史情况。三、马可·波罗不是文学家，也不是历史学家，他没有高深的学问，对事物的观察与解说都受到一定限制。况且，“游记”是在监狱中由他口授，狱友比萨作家鲁斯梯谦（Rusticiano）笔录的，没有图书资料，也无法妙笔生花，记载晦涩、混乱，是可以理解的。四、马可·波罗可能不喝茶，也不识汉字。又由于不是文化人，所以对文化现象不甚重视，因而书中缺少这方面的内容，也是无法强求的。

上述双方的论据，可谓势均力敌，然而在马可·波罗是否曾经来华的问题上，由于他本人的一个失误，增加了其复杂程度。据“游记”记载，马可·波罗与其父、叔曾献上一新式武器“抛石机”，以助攻襄阳。而事实上抛石机是伊利汗国回回人亦思马因（？—1274）献的，故又名“回回炮”，献机时间约在至元十年二月，这时马可·波罗一家正在来华路上，尚未踏上中国大地。持否定意见的人抓住这点，断言马可·波罗从未来过中国。对此，我国有学者认为，马可·波罗将献抛石机冒为己功，当然是他的错误，但从我国史书与“游记”提供的线索表明，他确曾从北京出发到云南、印度、波斯等地，许多史实详明细致，只能得自亲眼目睹，冒功一事不足以抹杀马可·波罗曾走遍中国大部分地区的事实。

马可·波罗是否懂汉语

马可·波罗在其“游记”中说，他在中国时懂得四种语言，包括它们的字母和写法，但没有明说是哪四种语言，因此，引起后人的揣测。

近代法国人颇节（G. Pauthier）认为，马可·波罗懂得的是汉文、维吾尔文、八思巴蒙古文和用阿拉伯字母书写的波斯文。但是，著名的《马可·波罗游记》注释家英国人玉耳（H. Yule）、法国人戈耳迭（H. Cordier），却对马可·波罗懂汉语一说持否定态度。他们的理由是：一、马可·波罗把苏州释为地，杭州释为天，说明他根本不懂汉语中苏、杭是什么意思，只是根据“上有天堂，下有苏杭”这句话，想当然而言。二、汉字的书法特征与西方文字迥然不同，按理一部向西方人介绍东方文化的书，不会忽视这点，而马可·波罗一点也没提到。三、书中提到的许多地名，如 Tangut（唐兀惕，即西夏）、Cathay（契丹，即北中国）、Cambaluc（汗八里，即大都）等，都是蒙古语、突厥语或波斯语的称呼。这些地名，都有相应的汉语名称，而马可·波罗都弃而不用，说明他根本不了解汉语的这些地名。法国的沙海昂（A. J. H. Charignon）对此又不以为然，认为玉耳与戈耳迭批评过严。马可·波罗偏重的不是汉语，但并不是完全不懂，他在中国旅行甚久，又担任过要职，如任扬州总管三年（这又牵涉到另外一个谜），扬州是当时帝国的中心，而且纯为汉人城市，难以想象一个不解汉语的人，能在此治理三年。

上述各说，在西方都有一定影响，而玉耳、戈耳迭的说法，逐渐为更多马可·波罗著作的研究者们所承认和证实。他们发现，马可·波罗的书中，对突厥文、蒙古文、波斯文的拼写都很规范、准确，但很少出现汉语词汇。偶然出现的地名，也多从波斯、突厥等文字转写而来，因此断定马可·波罗只懂波斯语、蒙古语、突厥语，而全然不懂汉语。

● 马可·波罗家族三人向忽必烈呈交教王书信。中间跪者为马可·波罗（《马可·波罗游记法文手抄书》）

我国学者指出，马可·波罗的不懂汉语，还可以从元朝的内部情势分析。元朝是蒙古人建立的，虽然任用一些汉人，但也利用不少色目人帮助治理国家，他们的地位都在汉人之上。元朝政府诏令使用蒙古新字，又设蒙古国子学，令蒙古、汉人官僚子弟上学。各官僚机构都设翻译人员。因此，汉语汉字在官场上并非必要。又据赵翼《廿二史札记》记载，元朝历代皇帝多不识汉文。元世祖至元十五年（1278），江淮行省的官僚中，竟无一人通文墨。据说，高级官员中还有人把“七”倒写成“丄”的。蒙古人的汉文知识尚且如此，又如何要求一个外国人通晓汉文呢？马可·波罗在中国结识与交谈的，主要是在朝廷出入的外国人，所用的基本上是波斯语，波斯语可能是蒙古朝廷外国人使用的共同语言。既然如此，马可·波罗也就没必要去学习汉语了。照此情况分析，马可·波罗懂得的四种语言，应是蒙古语、波斯语、阿拉伯语与突厥语（维吾尔语），没有汉语。但这一说是否可算定论呢？

● 忽必烈向马可·波罗授金牌（《马可·波罗游记》）

● 1477年德国刊印的《马可·波罗游记》

马可·波罗治理过扬州吗

《马可·波罗游记》中记载，当时扬州被选为中国十二行省之一，而马可·波罗曾受元朝大汗委命，治理扬州城达三年之久。由于书中缺少更明确的记载，马可·波罗是否在中国做过官，做的是什么官，就成为后世一个悬而不决的问题。

法国人颇节（G. Pauthier）根据《元史·地理志》指出，扬州在元世祖至元十三年（1276）为江淮行省治所，十四年为扬州路治所，马可·波罗可能在此时担任行省或路的长官。他又在为《马可·波罗游记》写的绪言中明确断定，1277—1280年间，马可·波罗曾做过扬州及其二十七个附属城市的长官，即行省长官。

英国人玉耳（H. Yule）不同意上述说法，理由之一是，行省是元代地方最高行政机构，代替中央政府中书省（又称都省）在各地行使中书省职权，一般都由高级官员担任。当时马可·波罗二十三岁，来华仅两年，不可能做到行省长官。另一理由是，颇节所据的材料有三种版本，而被颇节看作是最古老、最有价值的那一种版本中，恰恰只记有“奉大汗命居住此城中三年”，没提到做官的事。

法国人伯希和（P. Pelliot）认为，马可·波罗如在扬州做官的话，最多可能做过管盐务的官。因为马可·波罗在书中谈到从涿州到长江这段路程时，三次离开正题去谈别的地方，即当时的产盐区长芦、海门、真州。由于马可·波罗熟悉盐务，所以他有兴趣去描绘这三个不在他游历路线上的地方。

我国也有学者不同意马可·波罗曾当过扬州总管的看法，并指出致误的原因是：一、马可·波罗说，扬州是十二行省之一，大汗十二男爵之一人驻此城中，又说“代上述之一男爵治此城三年”。这段史

● （左上）马可·波罗在君士坦丁堡；（右上）马可·波罗与泰巴尔多成亚成察专使；（中）马可·波罗赴黑海

料是马可·波罗曾为扬州总管的主要依据。然而，照玉耳的看法，其中最重要的“代上述之一男爵”，是“游记”译者所加的注释，并非原话。二、即使信从这句话，也只可理解为曾做行省长官，即“平章政事”，这一名词被译成欧洲文字，以后又转译成汉文，便成了“总督”或“总管”。恰巧元代路的行政长官又有“总管”一职，因此马可·波罗就由西方人理解的行省长官，变成了中国人理解的扬州路总管。实际上，按元代官制，路的最高长官是达鲁花赤或副达鲁花赤，马可·波罗即使代男爵治扬州，也不应是总管，而应是达鲁花赤或副达鲁花赤。总之，这是翻译造成的误会。三、如果马可·波罗做过江淮行省长官或扬州路的达鲁花赤或总管，那么江苏省或扬州的地方志中应有记载，但是元人修的《扬州志》中，却没有他的踪迹。与他同时的马薛里吉思，却在元修《至顺镇江志》中明确记载曾任镇江路总管府的副达鲁花赤。因此，马可·波罗任扬州总管一说，尚未找到可靠依据。

究竟如何对待马可·波罗自己所说的“曾治扬州三年”？这一记载在史料的可靠性、翻译的准确性，以及史实的真伪等诸方面，都留给后人以很大的探索余地。

《光明之城》的真伪

人们都熟知《马可·波罗游记》，却不一定知道《光明之城》。其实,《光明之城》若是真的，其价值绝不亚于《马可·波罗游记》。

七百多年前，一位叫雅各·德安科纳的意大利犹太商人，沿着“海上丝绸之路”，来到中国东南沿海的国际城市——刺桐（今福建泉州），在这里度过了充满传奇色彩的半年时光，并用古意大利文写下了厚厚的一部见闻录。只是在当时，这部见闻录并没有引起任何人的注意，因此，也就没有获得如《马可·波罗游记》般的名声。20世纪末，这部见闻录在一个偶然的机会为英国学者大卫·塞尔本获得，他觉得此书很有价值，就将其译成英文，取名为《光明之城》。该书一经问世，就轰动了国际汉学界，在短时间内，围绕着该书的真伪问题，引发了一场激烈的争论。

被称为《马可·波罗游记》研究权威的杨志玖认为《光明之城》不是伪书。雅各对南宋末年泉州的港口贸易、城市景观、风俗、宗教以及外国侨民等都有具体记载，而这些记载在《马可·波罗游记》以及其他一些中外文献中都可找到佐证。尤其值得重视的是，雅各的手稿中还记载了泉州妇女的“三寸金莲”，这样，他就取代意大利的鄂多立克而成为西方第一个报道中国妇女缠足的人。此外，他还记载了泉州人“时常喝一种饮料，是从很矮的树上摘下来的叶子，然后用开水泡……喝起来特别苦”。虽然没有提及此种饮料的名字，但无疑是指茶叶。马可·波罗没有提到茶叶，这是《马可·波罗游记》受到怀疑的原因之一，而如今《光明之城》有关于这方面的记载，是否可以成为其真实性的佐证之一呢？

海外交通史专家王连茂也认为，雅各的手稿虽然有杂乱、重复的地方，但是判定其真伪的关键是他笔下的“不可估量的贸易城市”泉州是否确如他所描绘的那样繁盛，那样充满魅力。南宋时的泉州已超过广州，成为全国最大的贸易港口，许多史书已详尽描述了它的繁荣景象，比雅各晚二十年来到泉州的马可·波罗也将泉州与当时世界上最大的港口亚历山大港相提并论，这都可印证雅各对泉州的描写不是空穴来风。再如手稿中提到的泉州有较多马车、民间普及火葬仪式等都与当时的历史状况相符合。至于雅各所描绘的13世纪泉州过分密集的建筑、喧闹而拥挤的街市、街道两旁挂着猪内脏的食品摊、川流不息的车马行人，讲究个人清洁和公共场所的不卫生、瓦舍演戏和求神拜佛以及驱邪逐怪等等现象，人们确实可以从中体味到泉州那种独特的地方传统气息。

但也有不少学者怀疑《光明之城》的可靠性。中外关系史专家龚方震对该书提出了三点疑问：第一，书中多次提到中国时称Sinim。Sinim是个希伯来语，其出典于《旧约·以赛亚书》。西方人用Sinim指中国是17世纪以后的事了，而生活在13世纪的雅各，怎么会称中国是Sinim呢？第二，书中提到有一个名叫阿罗菲诺的教士在六百多年前曾带着圣书和神像从大秦来到此处，当时的统治者是太宗皇帝……记载此事的《大秦景教流行中国碑》是明天启五年（1625）在今西安的周至县出土的，此前无人知道有阿罗菲诺其人，13世纪的雅各怎么会知道此碑的内容？第三，书中提到当时的泉州人有很丰富的犹太教和犹太人知识，也是令人不敢相信的。不过，龚先生并没有彻底否定《光明之城》，他认为原稿有一部分为雅各本人所写，而另一部分则是17世纪以后的人增补的。

元史专家姚大力认为《光明之城》中确实有一部分内容反映了13世纪下半叶中国的若干一般特征。但这些内容更可能来自蒙古统治下的北部中国，而很难得悉于南宋社会。该书作者没有到过华北，不过他的家族在亚速海东岸的塔纳城从事贸易，这个城市是金帐汗国的蒙古贵族从南俄草原经由黑海、东地中海与埃及、欧洲进行商业往来的第一大港。另外，他的儿子在波斯湾北端的巴士拉经商，从这个蒙古伊利王朝的港口城市，人们也很容易听到有关元代中国的种种消息。因此，本书的此类信息很可能是得悉于塔纳城或者巴士拉港的传闻，甚至是在更晚的时候由作假者传抄的蒙古时期的资料。

元明清史专家王家范说，雅各的一些“见闻”在南宋根本不可能存在，如泉州江面上至少有一千五百艘船停泊，超过威尼斯；又如当时泉州使用的多为称“飞钱”的纸币，殊不知“飞钱”为唐时所称，且为纸票性质，并非纸币。他认为在这部“奇书”的真伪未搞清楚之前，不宜据此引发各种惊世骇俗的新论。

芮传明也对《光明之城》的真实性持较大的怀疑态度。他说，鉴于中世纪的欧洲被称为“黑暗时代”，而泉州却被称为“光明之城”，所以他怀疑是在资本主义初期，有人为了形象地表述新兴的种种意识形态与传统观念的冲突，而借用乌托邦式的泉州（对于当时的欧洲人而言，泉州确是遥不可及的梦幻世界）来作为论坛。所谓的“光明”，不过是作者虚拟的一个比喻而已，以对应“黑暗”。书中大量有关性开放、同性恋、道德与财富观念、女权主义等描述，令人难以相信。如果要肯定其真实性，那么必须或者承认宋代官方相当保守的意识形态实际上对社会并无多大影响，或者承认泉州是独立于朝廷控制的“世外桃源”……

●《光明之城》书影

程念祺也对《光明之城》持有疑问，但是他认为，外国商人来到中国的泉州，其经历和互相间交流的道听途说必定是丰富多彩的，把这些内容以及一些想象的东西作某些夸张再记录下来，这种可能性应该是存在的。在《光明之城》一书中，或许就掺杂着这样一些东西。不能认为这些东西太离奇，就以为中国古代不可能有这类东西，也不必一概以为离奇的东西一定就是假的。中国的史家、文人从来都不写，甚至根本不知道的东西，未必就一定没有。所以，《光明之城》的真伪，还应进一步研究才可下结论。

葛剑雄也对此书的来历提出疑问：迄今为止，世界上只有译者塞尔本可以证明原书的存在，其来源即藏家的姓名、地址是保密的，全文不能公布，代表性的照片没有，甚至连完整成段的原文也没有人看到过。这样的史料，人们能放心地将它作为信史来研究吗？

众说纷纭，莫衷一是。或者，21世纪的中国学术界将会兴起一场关于《光明之城》真伪的争论，让我们拭目以待。

"乣"与"乣军"的疑惑

"乣"与"乣军"是辽、金、元历史文献中经常出现的重要词语，但关于"乣"与"乣军"的解释和研究，则是后世学术界的一桩公案。对这一问题的讨论，自清初以来已持续了数百年，参与者有不少是国内外的史学大师和名家，因而产生了极大的影响。然而，时至今日，异说更多，问题也愈趋复杂。

争论首先因"乣"的字形和字音而起。在今本《辽史》中，此字作"糺",《金史》中皆作"乣",《元史》中则或作"糺"，或作"乣"。从史实上看，糺、乣皆指同一事物。有关其字形、字音的争论，大致可归纳为两种代表性的意见。一种意见认为，"乣"为正字，"糺"为误字，此字本为契丹字或女真字，读音应为 zhá（札）(日本学者箭内亘《辽金时代乣军之研究》)。另一种意见以俞正燮、王国维为代表，认为，"乣"为"糺"的省文，此字为汉字，即"纠"的异体字。其读音为 jiū。持这一观点的人，还从金石刻辞或古写本书籍中找出不少"纠"字的异体，其中就包括了"乣"这一异体。

有关"乣"字含义的争论，实与其性质相连。主张其为契丹或女真字的人，多认为此字有特殊的含义，指称的是某些人。他们推断，契丹、女真、蒙古族用"乣"来指称北方杂居的各族之人，其具体含义各代有所不同。辽指汉人、渤海人以外的被辽征服的各族之人；金指汉、渤海、契丹以外的北方各族之人；蒙古国指包括契丹、女真、汉人在内的北方各族之人。另一种意见则认为，“乣”字是契丹语，它直接借用了汉语的“军”，其字也借用了汉字。因此，其音、义都是军，在辽代，“乣”的原意是对军队的泛称，当时并不存在特指某一种人的“乣人”或“乣户”。由于契丹及其他游牧民族保持着部落生活习惯，部落成员平时是民，战时是兵，部落其实是个军政合一的组织，故部就是军，“乣”可以称军，也可以称部，诸乣就是指诸部。到了金元时代，“乣”的含义才发生变化，不再用作军和部的泛称。

“乣”字含义的歧见，导致了对“乣军”的不同解释。一种意见认为，“乣军”大抵由契丹人组成，后也有部分塔塔儿人，金代初用于戍边，后也在中原地区作战，金末归顺蒙古国，后因不忠而被解散。一种意见认为，“乣军”是辽、金、元三代由北方被征服的各族所组成的

● 元代武装骑士（《拉希德集史》）

军队。辽时属契丹八部统领，无定制；金时形成正式兵种，此外，由杂居的各族之人临时组成的军队，也称“乣军”；蒙古国时期，投降的金乣军和契丹、女真、汉族军队，也泛称“乣军”；元世祖以后，只有金乣军保持原有组织，号为“辽东乣军”。一种意见认为，辽时泛称东北路和西北路的边防军为乣军。还有一种意见认为，乣军在元代是指不对外作战和屯戍的乡兵。近年有人认为，既然“乣”是对军队或部落的泛称，那么辽代便不存在由某种人组成或担当某种特殊职能的乣军，只是到了金元时期，“乣军”一称才有其特殊的含义。从目前的研究状况看，有关“乣”与“乣军”的争论，还会继续下去。

“桃花石”指称什么

1980年3月，在新疆阿图什县（今阿图什市）发现了大批喀喇汗朝的钱币，其中十余枚背面铭文中有“苏来曼卡得尔桃花石可汗”字样。据学者推测，这些钱币很可能是北宋仁宗明道元年（1032）登上大可汗之位的苏来曼·本·玉素甫时期铸造的。引人注意的是“桃花石”一词，铸有这一名词的喀喇汗朝钱币，在我国是第一次发现。不过，有关这一名词的讨论，则在中外学者中早已展开。

早在公元7世纪上半叶，东罗马史学家在其所著史学著作中已使用了“桃花石”一词，此后在突厥、回鹘文献中也不断出现这一名词，后来更传入阿拉伯世界。汉文典籍中首次出现这一名词，是在13世纪。蒙古成吉思汗二十二年（1227），长春真人丘处机应成吉思汗之召去中亚，途经阿里马城（今新疆霍城县境内），看见当地“农者亦决渠灌田。土人惟以瓶取水，戴而归。及见中原汲器，喜曰：‘桃花石诸事皆巧。’桃花石谓汉人也”。李志常在《长春真人西游记》中记下了此事。“桃花石”一词在东罗马、阿拉伯世界及操突厥语各部中的流传，引起了中外学者的重视，他们对此进行了广泛的研究和考证。学者们的意见有一点是一致的，即“桃花石”一词是古代中亚人对中国和中国人的称谓，然而关于这一称谓的来源则众说纷纭，莫衷一是。

一种意见认为，“桃花石”为“拓跋”的对音。由于拓跋氏曾在中国北方建立北魏王朝，国力强盛，影响远及中亚地区，因而“桃花石”便成为中国或中国人的代称。国内外学者持这一观点的人很多，他们还举出证据，说：“自隋唐以来，东罗马帝国及其他西域诸国皆称中国曰 Tangas。”（日本学者白鸟库吉《托拔氏考》）从语音的角度看，Tangas 确与“桃花石”“拓跋氏”相近。

另一种意见认为，“桃花石”来源于“唐家”一称，系“唐家子”的讹音，因而指的是唐朝，而非拓跋族建立的北魏。持这一观点的人，还以鄂尔浑河碑文中曾出现“唐家赤汗”这一称号为依据。确实，建立于 712—716 年的《暾欲谷碑》，建立于 732 年的《阙特勤碑》，建立于 735 年的《毗伽可汗碑》和建立于 759 年的《磨延啜碑》中，共约二十七处出现“桃花石”一词，词义都是指唐朝。这种观点虽有碑文作为依据，但如果因此断定“桃花石”即源于“唐家”，尚有问题。因为 7 世纪初的东罗马史家席摩喀塔所著《莫利斯皇帝大事记》中，已出现“桃花石”一词，此时相当于隋末，唐王朝还未建立。

近年还有学者从文献记载与语言学角度进行考证，认为“桃花石”一词既非源于“拓跋”，也非源于“唐家”，而是源于回纥的“大汗”一称。

“桃花石”一词的来源问题，还有待于更为广泛而深入的研究。

中国有吉卜赛人吗

吉卜赛人发祥于印度北部，10 世纪时，由于突厥人的入侵开始外移，到处流浪。他们先到东欧、南欧一带，14 世纪时一部分又到了西欧，现在几乎遍布世界各地。那么，他们是否也来过中国？

20 世纪 40 年代以来，学者们对甘肃省永登县一个叫薛家湾的村落发生兴趣。这里的居民祖祖辈辈以男占卜看卦、女看手相而流浪为生，在西北几省名气很大，甘肃、新疆、青海、宁夏、陕西等省和自治区是他们主要的活动区域，甚至还有人到了江浙、广州一带。

薛家湾人出游，主要靠卜卦算命和为人禳灾祛祸来换取报酬维持生计，常用的占卜技术有课巾（推八字）、交合昭盘（观面相）、交合托罩（看手相）、鸟占、解梦、神机敕等；常用的禳解术有桃花镇和聚星镇。成年人中约有百分之八十于此身手不凡，因此“生意”还很不错。薛家湾人的职业技术十分神秘，父传子、母传媳，绝不外传他人。为此，以往的薛家湾人一直不与外人通婚，在村里“亲套亲”。他们供奉的神灵虽属道家真人（无量祖师、周公、桃花娘娘等），但供祭神秘，外人很难看到他们的神祇。他们还使用一种隐语，叫“绍句”，如把炕叫“文台”，开水叫“滚轮子”等，外人绝对听不懂。他们至今信奉一种说法“不出门就会天火烧”，所以，除了春种、夏收和过年，他们都在外面流浪。

奇怪的是，与薛家湾咫尺而邻的周围村子都是寻常的汉民族生活方式，薛家湾人的长相、食物也与他们毫无二致，可就是有着不擅农耕、惯于流浪、精于占卜、使用隐语、不与外人通婚等奇特习俗。这一罕见的人文现象不能不引起人们的注意。因此，40 年代就有人撰文称薛家湾人是“中国的吉卜赛人”。新中国成立后，又有学者对薛家湾的历史进行考证，断言薛家湾人是吉卜赛人的后裔，他们的祖先是蒙古帝国西征时流徙进来的。《元史》有记载：大德六年九月，“中书省臣言：罗里等扰民，宜依例决遣置屯田所，从之。”《明史》又载：明秦州（今天水）有罗哩户，汉人不与通婚姻，自相嫁娶。这里的“罗哩”和“罗里”就是吉卜赛人，波斯称他们为“罗哩”，以算卦为业流浪为生的薛家湾人就是元代从波斯来的罗哩。同意此说的学者不少，他们认为，13 世纪蒙古军西征的时候肯定有一部分吉卜赛人来到中国。

但是，持异议的学者也不在少数，有人提出，薛家湾人是苗族的后裔，他们的祖先是舜帝带领三苗去敦煌三危一带的时候路过而遗留此地的。有人认为，薛家湾人是古代西南少数民族僰人的后裔。又有人提出，薛家湾人是白族的后代等等，不一而足。

20 世纪 90 年代，为揭开“薛家湾之谜”，民俗学家组织了“薛家湾民俗调查小组”，进驻薛家湾进行重点考察。他们的结论是：薛家湾人的族源和民俗传承与汉民族无大异，他们使用的“绍句”是特殊的职业隐语而不是少数民族语言，他们是由于各种原因不断迁徙、最后因有共同的职业及习俗而集合于一处的特殊的民间职业集团，他们的不与外人通婚、技术不外传、使用隐语等习俗只说明他们职业的神秘性，他们信奉的神祇、占卜运用的手法等还是土生土长的——都与道家有关。虽然，薛家湾人表现出的人文现象是十分罕见的，但这并不能表明薛家湾人就是吉卜赛人的后裔。

如果说薛家湾人肯定不是吉卜赛人后裔，那么，吉卜赛人到底有没有来到过中国?

20 世纪 90 年代，海外学者提出新说，认为中国甘肃的天水、秦安一带有过迁徙来的吉卜赛人。于是，国内学者重新考察了新疆、甘肃河西走廊及陇东一带，证明确有吉卜赛人的足迹和后裔。永登的薛家湾人虽不是吉卜赛人，但同县苦水一带的高姓，祖上是西域龟兹国人，信佛教，可能是从印度来的，吉卜赛人到过那里的可能性更大。从家谱的族源关系看，苦水高姓有近似吉卜赛人或同一族种的史料；从文化学关系看，这里的居民有与吉卜赛人类似的文化特征；从宗教信仰看，这里的居民信仰印传佛教占主导地位，这与吉卜赛人的宗教特征相同……

否定了薛家湾人是吉卜赛人后裔的可能，又涌现更多的假设和猜想，由于史料的缺乏，目前对于“吉卜赛人是否到过中国”这个问题仍然只能冠以“可能”“大概”等词，随着民俗学和历史学研究的进一步深入，这一中外文化交流的重要课题一定会有令人瞩目的结果。

“渎山大玉海”的疑谜

“渎山大玉海”，又名大玉瓮、玉钵、酒海，是一件巨型贮酒器，可储酒30余石。玉器口呈椭圆形，口径1.35～1.82米，最大周围4.93米，约重3 500千克，是中国现存的最早的特大型玉雕。器身周围雕刻着波涛汹涌的大海，气势磅礴，又有龙、猪、马、鹿、犀、螺等神异化动物游戏于海涛中，神采俱佳，可谓匠心独运，技艺高超。2012年，《国家人文历史》杂志社组织考古、文博方面的专家评选中国文物中的九大“镇国之宝”时，渎山大玉海被推为镇国玉器之首。

大玉海是元世祖忽必烈在至元二年（1265）下令制作的，意在反映元初版图之辽阔，国力之强盛。但是，这件玉雕巨作为什么被定名为“渎山大玉海”？这是令人颇感兴趣的问题，特别是关于“渎山”一词的用意，曾经有不同的解释。

乾隆皇帝认为，“渎山”是当时放置大玉海的琼华岛（即今北京北海琼华岛）的称谓，由于岛“四面皆有水围”，故称“渎山”。但后人查阅了很多史籍发现，虽然琼华岛在不同时期有过不同称谓，但从未有“渎山”一称，乾隆皇帝的结论或者失之武断。有人认为，“渎山”与在玉海上琢磨的山渎纹饰有关。“渎”的本意就是小河，以纹饰命名，清晰明了，十分确切。还有人认为，玉海用材来自渎山，因而以玉料产地冠名。据《汉书·郊祀志》“渎山，蜀之岷山也”的记载，可见古代确实有座“渎山”。经考查，位于四川省西部岷山山脉的一部分直到现在还被称为渎山，不但如此，这里还是我国历史上重要的产玉地，其地所产的玉，据《云林石谱》称：“山色皆青黑，温润而坚，利刃不能刻，扣之有声清越。”渎山玉料的这一特征，与琢磨“渎山大玉海”的玉材是相吻合的。相比之下，以玉产地命名之说似乎更可信一些。

渎山大玉海所用的玉石材质也曾是七百年未解的历史之谜。玉海是用一整块大玉石精雕细琢而成，整块玉料由白色、绿色、紫色、黑色等多色玉组成，但它到底属于那一类的玉石呢？文物界一直争论不休。2004 年 5 月，二十多位国家级专家组成一个鉴定委员会，力图揭开渎山大玉海玉质的面纱。专家们对大玉海仔细观察研究，再与各种标本反复比对，最终认定是独山玉作品。独山玉，因产自河南省南阳市郊的“独山”而得名，又称“独玉”“南阳玉”，是与新疆和田玉、辽宁岫玉、湖北绿松石齐名的中国四大名玉之一。南阳独山玉在仰韶文化遗址中即有出土，距今约有六千年，其矿物岩石成分为黝帘石化斜长石，质地坚韧致密、细腻柔润，色彩斑驳陆离，常常是由两种以上的颜色组成的多彩玉。颜色绿、白、红、黄、紫、蓝应有尽有，其多彩性是其他玉种所无法比拟的。专家们的鉴定结果通过媒体公之于世，“沧桑渎山大玉海，我本南阳独山玉”的结论进一步提升了独山玉的地位。不过，这一结论，与上文器名得之于四川渎山的说法颇有矛盾。

渎山大玉海的流传也充满了传奇色彩。大玉海于至元二年制成后，按照忽必烈的旨意，置元大都（今北京市）太液池中的琼华岛上的广寒殿，以备庆功时用作犒赏众将士饮酒的盛酒器。

元至正二十八年（1368），明朝大将徐达率军攻占大都，元顺帝率部分蒙古贵族退至漠北，包括“渎山大玉海”在内的无数珍宝为明王朝所得，大玉海依然放置在广寒殿。

明末清初，广寒殿被焚，“渎山大玉海”遭到严重损伤，今天，仔细观察还能发现其体表有多处被火烧或高温烘烤过的裂纹。被火烧过的玉海失去了往昔的光泽，从外表看已与石瓮没有什么区别，加之战乱频仍，无人关注，以致蒙尘纳垢，弃如垃圾。后来，西华门外真武庙的道人发现了它，觉得用来腌咸菜挺合适，就将玉海拉回庙中作了咸菜坛子。

清乾隆十年（1745），乾隆皇帝听说玉海在真武庙，下令“以千金易之，置承光殿”。四年后，乾隆皇帝又在承光殿前建一小亭，将玉海陈设亭中，下配汉白玉雕花石座，“渎山大玉海”终于得到了妥善的安置。但由于火烧、风化等损害，大玉海面目全非，乾隆皇帝先后四次令人对玉海进行修复和琢磨。工匠们对大玉海作了“刮苔涤垢”，将“玉瓮上的水兽、水纹，俱着磨细”，并“着王大人派造办人员监看修琢，磨做异兽鬃毛、花纹”，将“玉瓮龙鳞、海兽等件鳞甲……照小玉瓮（乾隆时期做的一件玉器）龙鳞一样刻作”。由此可见，今天我们所看到的“渎山大玉海”，与元人当初琢磨的玉海之艺术风格已不尽相同了。元代玉海的本来面目再没有人知道。

虽然“渎山大玉海”已不是真正意义上的元代玉雕，但它是我国现存时代最早、形体最大的传世玉器，作为我国工艺史上杰出珍品的重要地位仍是不可动摇的。

● [元] 渎山大玉海

《富春山居图》的疑案

《富春山居图》是元朝画家黄公望的代表作，被称为“中国十大传世名画”之一。这幅纵33厘米、横636.9厘米的长卷，展现了富春江初秋时节的景色：丘陵起伏，林木恬然，疏密有致，人物飞禽，生动适度。如诗的画面和娴熟多变的笔法，将富春风光勾勒得令人神往。自问世以来，历代书画家、收藏家、鉴赏家，乃至封建帝王权贵都对此画推崇备至，并以能亲眼目睹这件真迹为荣幸，使得这卷宝图既备受赞颂，也历尽沧桑。

黄公望此图是为郑樗（别号无用师）所绘，无用师便成了《富春山居图》的第一位藏主。画作的精致高妙让无用师“过虑有巧取豪夺者”，事实也真被他不幸而言中。

明成化年间（1465—1487），《富春山居图》为书画家沈周高价购得。以后，此卷几度易手，万历年间（1573—1620）为董其昌购得。崇祯九年（1636），董其昌将画押给了宜兴人吴正志。清初，吴正志的孙子洪裕成为画的主人。吴洪裕在家中特建“富春轩”藏之，爱若至宝，顺治七年（1650）临终之际，竟想仿唐太宗以《兰亭序》殉葬之故事，嘱人以《富春山居图》投入火中，焚以为殉。眼看墨宝化作青烟，其侄吴子文乘其不备，以别画易之，迅速从火中抢出《富春山居图》。遗憾的是，画已烧成两半。

前边尺余小段经重新接拼后，居然正好有一山一水一丘一壑之景，于是，人们就把这一部分称作《剩山图》，经历了三百余年的曲折传承，1956 年入藏浙江省博物馆。

较长的后半部称《无用师卷》，先后曾为高士奇、王鸿绪、安岐等拥有。乾隆十年（1745），清廷广征名画，此卷被征入宫。乾隆皇帝对其爱不释手，归入内府上等品，钤“乾隆御览之宝”“石渠宝笈”“乾隆鉴赏”“三希堂鉴玺”“宜子孙”五印，并题诗一首。此后五十余年中，乾隆皇帝不时将画卷取出欣赏，且时常在画上留诗题句，加盖鉴赏印，长达六米的巨幅画卷空白处，几乎填满了乾隆的御书、藏印，形成一大奇观，由此亦可见乾隆皇帝对此画的珍爱。

然而，就在此画入宫的第二年即 1746 年，地方官又呈进一幅《富春山居图》，两图一模一样，难辨真伪。乾隆皇帝经多方对比论证后，认定被他题诗、钤印的前一幅是黄公望真迹，后来者是赝品。由于后来者近乎完美无瑕，简直到了“以假乱真”的程度，乾隆将其同时收入内府收藏，两幅《富春山居图》皆著录于《石渠宝笈》。以后，人们为了加以区别，将先入宫的那幅称为《子明卷》，后来者仍叫《无用师卷》。1925 年，北京故宫博物院成立，该图也入藏其中。

1931 年，日本侵占东三省，北平（今北京）岌岌可危。为免不测，包括《无用师卷》在内的几十万件故宫文物装成万余箱分五批先运抵上海，后又运至南京。文物停放上海期间，书画鉴定家徐邦达有机会在库房里看到了这两幅真假《富春山居图》，经过仔细考证，他发现乾隆御笔题说是假的那张，实际是真的，而乾隆题了很多字断定为真的那张却是假的，从此推翻了先人的定论，还名画一个真实的面目。而今，这真伪两卷《富春山居图》都存放在台北故宫博物院。

一代名画的真伪虽已真相大白，但其身首异处，仍让海内外炎黄子孙深感遗憾，让宝图早日珠联璧合，成为海峡两岸人民的共同愿望。2010 年 3 月，全国人大十一届三次会议闭幕时，温家宝总理在记者招待会上回答台湾记者提问时，引用了这段往事，并说："我希望两幅画什么时候能合成一幅画，画是如此，人何以堪。"而这一愿望不久后就实现了。2011 年 6 月，"山水合璧——黄公望与《富春山居图》特展"在台北举行。分隔三百六十年之后，浙江省博物馆的"镇馆之宝"《富春山居图》（剩山图）与台北故宫博物院院藏《富春山居图》（无用师卷）终于重逢。